GLAS

Von den Anfängen bis ins Frühe Mittelalter

CHRISTIANE HERB
UND NINA WILLBURGER

THEISS

Sonderheft 09/2016
Jahrgang 01/2016
der Zeitschrift »Archäologie in Deutschland«

Frontispiz: Diatretglas mit originaler Bronzeringaufhängung und Lampenketten (Collection of The Corning Museum of Glass, Corning, New York. Purchased with funds from the Arthur Rubloff Residuary Trust).

Umschlagabbildung Titelseite: römische Vierkantkrüge, 1. bis 3. Jh. n. Chr. (P. Frankenstein/H. Zwietasch, Landesmuseum Württemberg, Stuttgart).

Rückseite: links: Rippenschale, 1. Jh. n. Chr.; Mitte: hexagonales Fläschchen, Mitte 1. Jh. n. Chr.; rechts: phoenikischer Widderkopfanhänger, Mitte des 7. bis 5. Jh. v. Chr. (Alle: P. Frankenstein/H. Zwietasch, Landesmuseum Württemberg, Stuttgart.)

Die Deutsche Nationalbibliothek verzeichnet diese Publikation in der Deutschen Nationalbibliografie; detaillierte bibliografische Daten sind im Internet über http://dnb.d-nb.de abrufbar.

Der Konrad Theiss Verlag ist ein Imprint der WBG

Die Herausgabe des Werkes wurde durch die Vereinsmitglieder der WBG ermöglicht.
Gestaltung und Produktion: Verlagsbüro Wais & Partner, Stuttgart
Gedruckt auf säurefreiem und alterungsbeständigem Papier
Printed in Germany

Besuchen Sie uns im Internet: www.wbg-wissenverbindet.de

ISBN 978-3-8062-3274-5
ISSN 0176-8522

Inhalt

Vorwort

Glas ist einer der ältesten Werkstoffe der Welt. Von seinen Anfängen bis heute hat es nichts von seiner Faszination verloren. Seine vielseitigen Einsatzmöglichkeiten wurden durch die Jahrtausende unter Beweis gestellt, ob durchsichtig und klar oder farbig und opak, ob als Schmuck, Einlagen, Gefäße oder Fensterscheiben: Glas war, ist und bleibt ein unverzichtbarer Bestandteil des Alltags.

Die Geschichte des einzigartigen Materials ist ebenso abwechslungsreich wie spannend: Während die frühesten Glasobjekte im Vorderen Orient für das 3. Jt. v. Chr. nachgewiesen sind, stammen die ersten Belege für eine Fertigung von Glasgefäßen erst aus der Mitte des 2. Jt. v. Chr. Eine frühe Hochblüte erlebte die Glasmacherkunst schließlich in Ägypten, wo erstmals auch Produktionsstätten dokumentiert sind. In der Folgezeit wurde Glas nicht nur in all seinen Formen zwischen den Kulturkreisen getauscht und verhandelt, sondern auch das Wissen um die Glasherstellung gelangte in die verschiedenen Bereiche der damals bekannten Welt wie in das mykenische Griechenland und das bronzezeitliche Europa.

Nachdem die Glasverarbeitung im 9. und 8. Jh. v. Chr. im Vorderen Orient und in Ägypten fast vollständig zum Erliegen gekommen war, nahm die Herstellung mit teilweise neuen Produktionstechniken in den folgenden Jahrhunderten wieder zu; vom Vorderen Orient gelangte das Wissen auch in den östlichen Mittelmeerraum.

Ab dem 4. Jh. v. Chr. entwickelte sich schließlich ein qualitativ hochwertiges Glaskunsthandwerk mit Zentren im syrisch-palästinischen, griechischen und ägyptischen Raum. Eine herstellungstechnische Revolution erlebte die Glasproduktion mit der Erfindung der Glasmacherpfeife im 1. Jh. v. Chr. Glasgefäße konnten nun innerhalb kürzester Zeit in den unterschiedlichsten Größen und Formen gefertigt werden. Binnen weniger Jahrzehnte wurde aus einem teuren Luxusartikel ein für viele erschwingliches Massenprodukt. Während der römischen Kaiserzeit wurden hochwertige Gläser reichsweit und auch über die Grenzen hinaus verhandelt. Vielerorts entstanden Glaswerkstätten, die einfachere Gefäße für den regionalen Bedarf produzierten und sich teilweise mit der Zeit auch spezialisierten. Ebenfalls in die römische Zeit fällt die Erfindung des Fensterglases.

Während im 5. Jh. n. Chr. die Glasproduktion im Oströmischen Reich ihre eigenen, formenreichen Wege ging, erlebte jene im Westen mit dem Ende der römischen Herrschaft einen Niedergang. Auch wenn eine Kontinuität der Handwerkertradition von spätrömischer in fränkische Zeit vermutet werden muss, so gingen doch viele Techniken verloren, und das Formenspektrum wurde deutlich reduziert.

Das vorliegende Buch soll einen Einblick in die Welt des Glases von den Anfängen bis ins Frühmittelalter geben; ohne die Mithilfe und Unterstützung Dritter wäre die Realisierung nicht möglich gewesen. Unser Dank gilt folgenden Freunden, Kolleginnen und Kollegen: Stuart Brookes, Anette Geiß, Annette Graf, Thomas Hoppe, Erwin Keefer, Ulrike Klotter, Klaus-Georg Kokkotidis, Martina Meyr, Birgit Schorer, Astrid Wollmann. Gedankt sei auch dem Verlagsbüro Wais und Partner, allen voran Tina Steinhilber (Redaktion) und Tanja Krichel (Layout).

Christiane Herb und Nina Willburger

Glas

Ein synthetischer Werkstoff

Die Entdeckung des Werkstoffs Glas liegt Tausende von Jahren zurück. Zunächst als Glasur von Perlen und Ziegeln verwendet, wurden schließlich komplett aus Glas bestehende Objekte gefertigt.

Wer hat's erfunden?

Der römische Naturforscher und Schriftsteller Gaius Plinius Secundus Maior (ca. 23–79 n. Chr.) berichtet in seiner Naturgeschichte (XXXVI, 190 f.) über die Erfindung von Glas: »(190) Der Teil Syriens, der Phoenikien genannt wird und Iudaea benachbart ist, hat am Fuße des Berges Karmel einen Sumpf, den man Candebia nennt. Man glaubt, aus diesem entspringe der Fluss Belos, der nach einer Strecke von 5 Meilen bei der Kolonie Ptolemais ins Meer fließt. Er fließt langsam dahin, sein Wasser kann man nicht trinken, doch ist es durch feierliche Gebräuche geheiligt; es ist schlammig, hat ein tiefes Bett und lässt nur beim Zurücktreten des Meeres seine Sandmassen erkennen; diese beginnen nämlich zu glänzen, wenn sie von den Fluten herumgewälzt und so vom Schmutz gereinigt wurden.

(191) Man glaubt, dass sie sich durch die Schärfe des Meerwassers noch verdichten und erst dann verwendbar sind. Der Küstenstreifen misst nicht mehr als 500 Schritte, und doch genügte er für viele Jahrhunderte zur Herstellung von Glas.

Es geht die Sage, ein Schiff von Sodahändlern sei hier gelandet, und diese hätten sich, um ihre Mahlzeit zu bereiten, an der Küste verteilt; da sie aber keine Steine fanden, um ihre Kessel daraufzustellen, hätten sie aus dem Schiff Stücke von Soda geholt und diese untergelegt; als sie erhitzt wurden und sich dabei mit dem Ufersand vermischten, seien durchscheinende Bäche einer neuen Flüssigkeit davon geflossen, und dies sei der Ursprung von Glas gewesen.« (Übersetzung nach R. König)

Nicht nur, weil ein offenes Lagerfeuer nicht die Temperaturen erreichen kann – es erlangt maximal 980 °C –, um die Grundbestandteile von Glas in fließenden Zustand zu versetzen, muss der Bericht von Plinius dem Älteren in das Reich der Legenden verwiesen werden. Auch die Zuschreibung der Entdeckung an die Phoenikier entspricht nicht den Tatsachen. Doch wie so oft steckt auch hinter dieser Legende ein kleines Fünkchen Wahrheit. Der Werkstoff Glas wurde vermutlich weniger erfunden als zufällig entdeckt. Er ist letztlich als Zufallsprodukt zu bewerten, das mit hoher Wahrscheinlichkeit im Zusammenhang mit der Metallverarbeitung entstanden sein dürfte. Und waren es auch nicht die Phoenikier in der Levante, so liegt der Ursprung des Werkstoffes sicher im Vorderen Orient.

Glas ist nicht gleich Glas

Die Bestandteile von Glas sind Silikat, Alkali und Kalk. Dem Silikat kommt dabei die Funktion als Netzwerkformer, d. h. Glasbildner zu. Es handelt sich um Siliciumdioxid (SiO_2), das als Naturprodukt in Form des Minerals Quarz bzw. von Quarzsand bekannt ist. Vor allem Sande, die außer Quarz kaum andere Minerale enthalten, eignen sich hervorragend für die Glasherstellung. Die Schmelztemperatur von Quarzsand liegt zwischen 1710 und 1730 °C, eine Temperatur, die mit antiker Technologie nicht erreicht werden konnte. Allerdings war es möglich, durch Zugabe eines Alkalis als Flussmittel diese um einige 100 °C abzusenken. Je nach Menge, Zusammensetzung und gewünschter Viskosität variiert die Temperatur, die zum Schmelzen der Bestandteile notwendig ist, von rund 800 bis 1200 °C.

Verschiedene solcher Flussmittel waren in der Antike bekannt. Das älteste davon war die Asche salzliebender Pflanzen (Halophyten), die als wirksamen Bestandteil Natriumkarbonat aufwies. Darunter sind auf salzigen Böden gedeihende Gewächse, also Ufer- oder Meerespflanzen sowie Wüstenpflanzen zu verstehen, wie etwa Salicornia (Queller) oder Kali turgida (Kali-Salzkraut/Strandkraut). Soda-Asche wurde bereits lange als Waschmittel verwendet, bevor seine Eignung als Flussmittel erkannt wurde. Das Wort »Alkali« leitet sich von »al kalia« ab, arabisch für die Asche, die beim Verbrennen von Pflanzen entsteht.

Die aus den salzliebenden Pflanzen gewonnene so genannte Soda-Asche war reich an Natrium und Magnesium. Bei den damit hergestellten Objekten handelt es sich um (magnesiumreiches) Natron-Kalk-Glas, das häufig als Soda-Asche-Glas bezeichnet wird.

Der römische Schmelzofen aus dem 1. und 2. Jh. n. Chr. zur Herstellung von Rohglas in Beni Salama im Wadi el-Natrun ist der größte seiner Art. Innerhalb eines Schmelzvorgangs konnten offenbar 15 bis 20 t Rohglas produziert werden. Die unmittelbare Nähe zur Bezugsquelle der Trona war ideal zur Primärglasherstellung.

In der Fachliteratur hat sich in den letzten Jahren des Magnesiumgehalts wegen auch die Bezeichnung HMG (High Magnesium Glass) durchgesetzt.

Gläser aus Soda-Asche unterscheiden sich in der Zusammensetzung deutlich von solchen, bei deren Herstellung Asche von Landpflanzen, etwa Holzasche von Eiche und Buche oder Farnasche, als Flussmittel verwendet wurde, die einen hohen Kaliumanteil (Kaliumkarbonat) aufweisen. Holzasche wurde ab dem Mittelalter bevorzugt für die Glasherstellung eingesetzt, nicht nur für Gefäße, sondern auch für Kirchenfenster. Ihre Verwendung erfordert eine höhere Temperatur bei der Rohglasproduktion.

Die Herstellung von Soda-Asche war relativ aufwendig. Ab ca. 1000 v. Chr. scheint sich mineralische Soda, die so genannte Trona, lateinisch »nitrum« (fälschlicherweise häufig auch als Natron bezeichnet), als Flussmittel langsam durchzusetzen, ebenfalls aufgrund eines hohen Anteils an Natriumkarbonat. Der späte Zeitpunkt mag verwundern, da Trona zuvor bereits in Ägypten nicht nur als Waschmittel, sondern vor allem seit der 4. Dynastie (ca. 2575–2465 v. Chr.) bei der Mumifizierung in großen Mengen zum Einsatz kam.

Im Gegensatz zu aus Soda-Asche produzierten Gläsern haben die mit der mineralischen Soda gefertigten Soda-Kalk-Gläser einen niedrigen Magnesiumgehalt und werden in der Forschung deshalb als LMG (Low Magnesium Glass) angesprochen. Es findet sich auch die Bezeichnung als (magnesiumarmes) Natron-Kalk-Glas.

Die frühesten derzeit bekannten mit Trona produzierten Gläser stammen aus dem Grab der Neschons in Theben-West. Neschons war die Gemahlin des Pinodjem, eines Hohepriesters Amuns, die 974 v. Chr. in einem reich ausgestatteten Grab die letzte Ruhe fand. Zu den Beigaben gehörten unter anderem zwölf Gefäße – alle aus Soda-Kalk-Glas.

Spätestens mit dem ausgehenden 8./frühen 7. Jh. v. Chr. hat sich die mineralische Soda westlich des Euphrats, im Mittelmeergebiet und in Europa als Flussmittel weitestgehend durchgesetzt; selten sind hier noch mit Soda-Asche gefertigte Gläser des HMG-Typs nachweisbar: Beispiele gibt es aber durchaus noch, etwa aus dem 7./6. Jh. v. Chr. von der Insel Rhodos. Gar aus römischen Kontexten stammen noch einige wenige Belege, z. B. aus Fishbourne in Großbritannien oder vom Magdalensberg in Österreich.

An Euphrat und Tigris scheint allgemein noch etwas länger auf die Asche der salzliebenden Pflanzen als Flussmittel gesetzt worden zu sein. Die Gründe hierfür sind unbekannt. Es werden sowohl schlechte Bezugsmöglichkeiten der Trona als auch Tradi-

tionalismus der Handwerker dafür verantwortlich gemacht.

Trona wurde aus ariden Salzseen gewonnen. Größte Bedeutung hierfür hatte das Wadi el-Natrun in Unterägypten. Die 45 km lange Senke des Wadi mit einigen Seen liegt zwischen Alexandria und Kairo, ca. 100 km nordwestlich der ägyptischen Hauptstadt. Durch Verdunstung lagern sich auf der Oberfläche der Seen Steinsalz, Thenardit und Trona ab.

Der Franzose Antoine-François Andréossy beschreibt die Trona-Gewinnung in einem Reisebericht des späten 18. Jh. Vermutlich haben sich die Verhältnisse in der Antike davon nicht wesentlich unterschieden: Trona-Sammler finden sich mit ihren Kamelen und Eseln frühmorgens an dem am stärksten eingetrockneten See ein und lesen mit Pinzetten die bis zu 2 cm großen Trona-Kristalle auf. Bis zum Abend hat ein jeder rund 60 Pfund Trona gesammelt, ein mühsames, aber durchaus lohnendes Unterfangen.

Trona wurde sicher in großen Mengen im Wadi el-Natrun gewonnen, doch ob dieser die ausschließliche Bezugsquelle mineralischer Soda in der Antike war, wird in der Forschung diskutiert: Weitere mögliche Quellen in Ägypten wären al-Barnuj im westlichen Delta, at-Tarabiya im östlichen Delta, al-Kab in Oberägypten und Bi'r Natrun an der Route nach Dafour im Sudan. Außerhalb Ägyptens kommen al-Jabbah in Syrien, der Vansee in der Türkei und der Pikrolimni in Griechenland infrage.

Bis zur Wende vom 8. ins 9. Jh. n. Chr. wurde Trona in großen Mengen verwendet, dann bricht die auf mineralischer Soda basierte Glasproduktion ein: Während in Ägypten und im Vorderen Orient Soda-Asche wieder als bevorzugtes Flussmittel für die Rohglasherstellung Verwendung fand, setzte man in Europa auf die kaliumreiche Holzasche. Der Grund für die Umstellung ist umstritten. Vermutlich haben klimatische Veränderungen dazu beigetragen, ein wohl stark erhöhter Niederschlag, der die Verdunstung auf dem Wadi el-Natrun verhinderte, sodass sich an der Oberfläche keine Trona mehr ablagern konnte.

In der europäischen Vorgeschichte war noch ein weiterer Glastyp verbreitet: gemischt-alkalisches Glas mit hohem Kalium- und niedrigem Magnesiumgehalt, das in der Forschung als LMHK-Glas (Low Magnesium, High Kalium) bezeichnet wird. Hierfür wurde ein Flussmittel verwendet, das sowohl einen wirksamen Anteil von Natrium- als auch von Kaliumkarbonat aufwies. Die Alkaliquelle ist unbekannt; umstritten ist auch, ob es sich um eines oder gar um eine Mischung mehrerer Flussmittel gehandelt hat. Letzteres scheint nach derzeitigem Kenntnisstand am wahrscheinlichsten. Vermutlich wurde eine Mixtur aus zwei aufgearbeiteten Pflanzenaschen verwendet; dazu kämen etwa Asche aus Farnkraut oder Buche sowie aus Europäischem Queller (Salicornia europaea) infrage.

Gemischt-alkalisches Glas lässt sich weder in Ägypten noch im Vorderen Orient nachweisen. Ein Import aus diesen Regionen muss daher ausgeschlossen werden. In geringem Umfang ist es im spätmykenischen und protogeometrischen Griechenland bekannt, wie Funde von Perlen in Thasos und Elateia-Alonaki belegen. LMHK-Glas kommt im 12. Jh. v. Chr. auf und ist vor allem ab 1100 v. Chr. in größeren Mengen im vorgeschichtlichen Europa dokumentiert, und zwar in Süddeutschland, im Alpengebiet und in Norditalien, aber auch in Böhmen, Frankreich, England und Irland. Verschiedentlich konnte gemischt-alkalische Fayence bereits für die europäische Mittelbronzezeit in Italien und Frankreich belegt werden. Von einer Produktion des LMHK-Glases auf dem europäischen Kontinent geht man angesichts der Fundverteilung aus. Der späteste Beweis liegt aus Rathgall (Irland) vor; er datiert um 750 v. Chr. Auch Glas aus Soda-Asche (HMG) ist noch bis ins 7. Jh. v. Chr. nachweisbar, allerdings scheint es zwischen dem 11. und 9. Jh. v. Chr. eher wenig in Umlauf gewesen zu sein.

In der Eisenzeit, ab dem 8. Jh. v. Chr., findet sich in Europa dann Soda-Kalk-Glas mit niedrigem Magnesiumanteil (LMG), d. h. aus mineralischer Soda, und löst die beiden älteren Glassorten im Laufe der Zeit endgültig ab. Vermutlich wurde das Rohglas nicht in Europa produziert, sondern importiert und dann weiter verarbeitet. Auch Glasobjekte, etwa Perlen, wurden in dieser Zeit importiert.

Neben Siliciumdioxid und einem Flussmittel ist Kalk, genauer Calciumcarbonat, der dritte Hauptbestandteil von Glas. Dieses erwirkt als Stabilisator seine Wasserbeständigkeit. Bei der Herstellung mit Soda-Asche als Flussmittel war die Hinzufügung von Kalk nicht eigens notwendig, da der Kalkanteil in der Asche der salzliebenden Pflanzen ausreichend hoch war, um die Beständigkeit des Glases zu gewährleisten.

Anders verhält es sich dagegen bei der Produktion von Glas mit mineralischer Soda. Als am Beginn des 1. Jt. v. Chr. allmählich auf Trona als Flussmittel umgestellt wurde, war den Glasherstellern offenbar nicht bewusst, dass eine Zugabe von Kalk für die Stabilität des Werkstoffes notwendig war. Die naturwissenschaftlichen Untersuchungen der Gläser aus dem bereits erwähnten Grab der Neschons haben ergeben, dass diese einen sehr geringen Kalkanteil aufwiesen. Die Handwerker haben entweder Quarz oder einen recht reinen Quarzsand als Silikat verwendet, in dem kein Kalkanteil von Natur aus vorhanden war. Daher sind die Gläser sehr instabil. Der einzige Grund für ihre Erhaltung ist dem Umstand zu verdanken, dass

Trona wurde ab etwa 1000 v. Chr. zur Glasherstellung verwendet. Die mineralische Soda wurde bereits lange zur Mumifizierung eingesetzt, bevor sie als Flussmittel Verwendung fand. Bezugsquelle waren die Seen des Wadi el-Natrun in Ägypten.

die klimatischen Bedingungen die Jahrtausende über günstig waren – relativ kühl und trocken. Bei der Entdeckung 1881 waren die Gefäße noch in recht gutem Zustand. Heute allerdings, rund 130 Jahre später, ist ihre Oberfläche infolge unsachgemäßer Behandlung und Lagerung beschädigt. Es ist davon auszugehen, dass sich eine unbestimmt große Menge Glas aus dieser Zeit mangels Wissen um die erforderliche Zugabe von Kalk leider nicht erhalten hat.

Schließlich wurde im Laufe der Zeit aber auf weniger reinen, d. h. muschelkalkhaltigen Sand zurückgegriffen oder gar bewusst Kalk zugegeben: In der Forschung scheiden sich die Geister, ob den Glasherstellern die Notwendigkeit von Kalk für stabiles Glas bewusst war oder nicht. Plinius berichtet jedoch in seiner Naturgeschichte (XXXVI, 192), dass Muscheln und Sand Bestandteile der Glasherstellung waren; diese Zugabe von Kalk bzw. kalkhaltigem Material erfolgte aber wohl aus Erfahrungswerten. Dass, wie gelegentlich behauptet, auch die Keilschrifttexte aus der Bibliothek des Assurbanipals (s. S. 19) Kalk als Zutat bei der Glasherstellung aufzählen, ist sehr umstritten: Die Gleichsetzung von »namrutu«, wörtlich »weiße Pflanze«, mit Kalk scheint vielmehr aus dem Wissen der Übersetzer um die Zusammensetzung von Glas herzurühren.

Bereits in der Antike war bekannt, dass sich Glas auch aus einer Mischung aus Bleioxid und Quarz herstellen ließ. Ein großer Vorteil hierbei war die niedrige Schmelztemperatur von 700 bis 800 °C. Bleiglas kommt seit der Eisenzeit vor und findet sich öfters unter römischen Produkten, allerdings setzte sich das Verfahren nicht wirklich durch. Erst im hohen Mittelalter wurde insbesondere in Nordwesteuropa Bleiglas im großen Stil gefertigt; der Überschuss von Bleioxid, das bei der Gewinnung von Silber aus silberhaltigem Blei anfiel, konnte dafür hervorragend genutzt werden.

Färbende Komponenten

Bedingt durch Bestandteile in den Rohstoffen, vor allem Eisenoxid, hat »naturbelassenes« Glas eine bläuliche oder grünliche Färbung. Während bei der Keramikherstellung die Farbe der Gefäße durch Reduktion (Entzug von Sauerstoff) oder Oxidation (Zugabe von Sauerstoff) gezielt beeinflusst werden kann, müssen bei Glas farbgebende Substanzen, in der Regel Metalle bzw. Metalloxide, in die Schmelze hinzugegeben werden. Dabei spielen auch Dosierung, Temperatur im Ofen und Brenntechnik eine Rolle.

Ein großer Teil der färbenden Komponenten war bereits den mesopotamischen und ägyptischen Glasmachern in der Frühzeit der Glasherstellung bekannt. Zum Einsatz kamen meist metallhaltige Mineralien, die gereinigt, zerstoßen und geröstet der Glasschmelze beigegeben wurden. Die folgende Tabelle vermittelt einen kleinen Einblick in die Farbzusätze:

Kupfer (Cu^{2+})	blaugrün, grün, türkis
Kobalt (Co^{2+})	blau
Eisen (Fe^{3+})	grünblau
Eisen, reduziert (Fe^{2+})	grüngelb
Kupferoxid (Cu_20)	rot
Mangan (Mn^{2+})	grünblau
Mangan (Mn^{3+})	violett
Bleiantimonat ($Pb_2Sb_20_7$)	gelb
Calciumantimonat ($Ca_2Sb_20_7$)	weiß

(Nach K. H. Wedepohl, Glas in Antike und Mittelalter. Geschichte eines Werkstoffes. Stuttgart 2003)

Die Entfärbung von Glas ist ab dem 8. Jh. v. Chr. belegt, jedoch erst ab dem 4. Jh. v. Chr. häufiger nachgewiesen. Vor allem in römischer Zeit waren entfärbte Glasgefäße massenhaft im Umlauf. Für farbloses, durchsichtiges Glas wurde bis zum 2. Jh. v. Chr. Antimon verwendet. Ab dem 2. Jh. v. Chr. löste Mangan Antimon als Entfärber allmählich ab, das im 1. Jh. v. Chr. dann nur noch selten fassbar ist.

Schmelzvorgang und Öfen

Zum Schmelzen der Bestandteile wurden diese möglichst klein zusammengerieben und in einem Ofen erhitzt. In der Antike scheint die weitaus größte Menge an Rohglas in der Levante produziert worden zu sein. Der früheste gesicherte Nachweis einer Rohglasproduktion stammt jedoch aus dem Alten Ägypten: Während in Malqata zwar eine Verarbeitung, aber keine Produktion von Glas belegt wurde, ist dies in Achet-Aton, dem heutigen Tell el Amarna, Ägyptens Hauptstadt unter Pharao Echnaton (ca. 1353–1336 v. Chr.), der Fall: Hier kamen bei archäologischen Untersuchungen nicht nur Tiegelfragmente, Glasstäbe und Produktionsabfälle zutage, sondern darüber hinaus konnte auch Fritte, ein Zwischenprodukt der zweistufigen Glasherstellung, dokumentiert werden (s. S. 17). Von einer Rohglasherstellung wird deshalb allgemein ausgegangen.

Überdies förderten Ausgrabungen in den 1990er-Jahren einen Ofen zutage, der als Glasofen gedeutet wird. Es würde sich damit um den ältesten bekannten Glasofen der Welt handeln. Eingelassen in den Boden wies er einen Durchmesser von 150 cm auf. Anhand der gefundenen Ziegel wurde experimentell ein zylindrischer Glasofen mit Kuppel aus luftgetrockneten

Tiegelfragmente, Produktionsabfälle, Fritte und Glasstäbe belegen in Achet Aton/Tell el Amarna nicht nur die Glasverarbeitung, sondern auch die Produktion von Rohglas vor Ort. Offenbar wurde hauptsächlich blaues Glas hergestellt.

Nilschlammziegeln nachgebaut: Der zylindrische, 90 cm hohe Teil war vollständig in den Boden eingelassen, darüber befand sich die 70 cm hohe Kuppel mit einer Öffnung in der Mitte. Über einen Schürkanal konnte der Ofen beheizt werden. Auf Konsolen im oberen Teil des eingetieften Zylinders wurden die Glashäfen abgestellt. Nach fünf Stunden war es während des Experiments möglich, eine Temperatur von rund 1100 °C zu erreichen, nach etwas mehr als sechs Stunden gar 1150 °C. Insgesamt konnte über vier Stunden eine Temperatur von um die 1100 °C gehalten werden. Allerdings mussten 380 kg Holz zur Verfeuerung herbeigeschafft werden. Doch der Aufwand hat sich gelohnt: Aus Soda-Asche, Quarz und Kobalt entstand zufriedenstellendes blaues Rohglas in einem einstufigen Prozess. Die bereits erwähnten Funde von Fritte lassen indes vermuten, dass Glas hier, wie auch in Pi-Ramesse/Quantir, in einem zweistufigen Verfahren hergestellt wurde. Eine Vorgehensweise, die in der gesamten Antike gängig gewesen zu sein scheint: Zunächst wurde bei relativ niedriger Temperatur (um 750 °C) eine so genannte Fritte erzeugt. Das Zwischenprodukt wurde dann unter Zusatz farbgebender Komponenten erneut bei hoher Temperatur zu Rohglas geschmolzen und daraus zu guter Letzt Glasbarren produziert. Diese konnten schließlich entweder vor Ort oder in entfernten Werkstätten durch erneutes Erhitzen zur Herstellung von Glasobjekten verwendet werden. Ein Handel mit Fritte, die dann an anderer Stelle zu fertigem Glas geschmolzen wurde, ist nicht auszuschließen, aber derzeit auch nicht belegbar.

Plinius der Ältere empfiehlt gar einen dreistufigen Prozess, um möglichst reines Glas zu erhalten (Naturgeschichte XXXVI, 194). Es ist allerdings kaum anzunehmen, dass dieses aufwendige Verfahren allzu oft angewandt wurde. Archäologische Nachweise dafür gibt es zumindest nicht.

Im Laufe der Jahrhunderte schritt die Technologie voran, und Rohglas konnte schneller und vor allem in größeren Mengen produziert werden. Die römischen und frühbyzantinischen Öfen unterschieden sich deutlich von denen in altägyptischer Zeit: Sie waren größer, quadratisch oder rechteckig und aus gebrannten Ziegeln und Mauerwerk errichtet. Beispiele fanden sich etwa in Beni Salama im Wadi el-Natrun (1.–2. Jh. n. Chr.), in der Glashütte im Hambacher Forst (4.–5. Jh. n. Chr.) sowie in Apollonia-Arsuf (6.–7. Jh. n. Chr.) und Bet Eli'ezer in Israel (6.–8. Jh. n. Chr.). In einer Wanne wurden die Bestandteile in großer Masse geschmolzen; darüber befand sich vermutlich ein Tonnengewölbe.

Um vieles kleiner hingegen waren die römischen Arbeitsöfen, in denen das Rohglas zur Weiterverarbeitung, d. h. zur Herstellung von Gefäßen und anderen Objekten, geschmolzen und auch wieder mit färbenden Metalloxiden versehen werden konnte. Für dieses Einschmelzen reichte nun eine geringere Temperatur aus als beim Schmelzen der Grundbestandteile zur Produktion des eigentlichen Werkstoffes.

Arbeitsöfen waren ringförmig aus Ziegeln errichtet und wiesen einen Durchmesser von 80 bis 120 cm auf. In der Regel konnte nur ein Glastiegel eingebracht werden, aus dem der heiße Glasposten zur Fertigung eines Gegenstandes entnommen wurde. Während des Herstellungsprozesses konnte das in Arbeit befindliche Glas, wann immer notwendig, in diesen Öfen erneut erhitzt werden, um die zur Verarbeitung erforderliche Plastizität zu erhalten. In ihnen wurde jedoch nicht nur Rohglas geschmolzen, sondern darüber hinaus auch Altglas recycelt: In römischer Zeit ist verschiedentlich die Wiederverwendung von Glasbruch belegt.

Darüber hinaus waren auch die so genannten Kühlöfen mit halbkreisförmigem Grundriss mit 1 bis 2 m² Grundfläche von Bedeutung, in denen Glasgefäße innerhalb eines Tages von ca. 500 °C auf Außentemperatur abgekühlt werden konnten: Der gesteuerte Abkühlprozess war notwendig, da ansonsten die Gefahr von Spannungsrissen bestand (s. a. S. 87).

Glasähnliche Materialien

Zu den glasähnlichen Materialen zählt unter anderem Ägyptische Fayence, die teilweise auch als glasartige Fayence oder nur als Fayence bezeichnet wird. Dabei handelt es sich um eine seit dem 5. Jt. v. Chr. bekannte Quarzkeramik, die äußerlich häufig nicht von den frühen Glasprodukten zu unterscheiden ist. Sie wurde wohl in Mesopotamien erfunden; das Wissen um die Herstellung gelangte allerdings rasch nach Ägypten.

Fayence besteht aus denselben Bestandteilen wie Glas, doch zur Herstellung wurde ein anderes Mischungsverhältnis verwendet: Sie weist einen höheren Silikat- und geringeren Alkalianteil auf. Auch das Produktionsverfahren unterschied sich. Fayence lässt sich wie Ton bereits vor dem Erhitzen formen. Dazu wurden häufig Model benutzt. Der geformte Gegenstand musste dann trocknen, die wasserlöslichen alkalischen Salze wanderten dabei an die Oberfläche, und es entstand eine Kruste. Diese wurde beim Brand aufgebrochen und verschmolz mit dem Quarz, dem für die Farbe zuständigen Metalloxid sowie dem Kalk zu einer Glasur. Das glänzende Erscheinungsbild von Fayence rührt also von einer Art Selbstglasierungsprozess während des Brandes her. Werden Fayencen beim Brand zu hohen Temperaturen ausgesetzt, kommt es zu einer Durchschmelzung der Bestandteile: Das Ergebnis ist mit dem Auge nicht von einem intentional gefertigten Glasobjekt zu unterscheiden. Fayencehandwerker waren wohl die ersten, die den neuen Werkstoff Glas gezielt nutzten.

Unter »Fritte« versteht man zum einen das oben bereits erwähnte Zwischenprodukt der zweistufigen Glasherstellung, das dann zu Rohglas weiterverarbeitet wurde. Zum anderen wird mit Fritte auch ein eigenständiges Produkt bezeichnet, das sich gelegentlich auch unter dem Begriff »unglasierte Fayence« findet. Fritte besteht aus den gleichen Bestandteilen

Nilpferde aus Fayence waren vor allem im Mittleren Reich (ca. 2137–1781 v. Chr.) beliebte Grabbeigaben. Auf dem Körper sind Pflanzen und Tiere aus deren Lebensraum gemalt, z. B. Wasserlilien, Papyrus, Lotus, Vögel und Insekten.

Ägyptische Fayence mit der typisch glänzenden Oberfläche wurde auch zur Herstellung von Schmuckstücken verwendet. Dieser Ring aus der Zeit Amenophis III. (ca. 1387–1350 v. Chr.) zeigt das Auge des Horus, ein so genanntes Udjat-Auge. Dieses galt als machtvolles Symbol und sollte vor bösen Mächten und übervermögenden Dämonen schützen.

wie Fayence und Glas, wird vor dem Brennen aber aus zerkleinertem, vorgesintertem Material geformt und anschließend gebrannt, d. h. gesintert. Die Oberfläche weist im Gegensatz zu Fayence keine Glasurschicht auf. Wird beim Herstellungsprozess jedoch eine zu hohe Temperatur erreicht, kann an der Oberfläche ebenfalls eine Glasur entstehen – und die Fritte wirkt wie Fayence oder wird gar mit frühen Glasprodukten verwechselt.

Schwierigkeiten bestehen beim Erkennen der einzelnen Werkstoffe: Verwitterte Glasobjekte und verwitterte Fayencen, deren Oberflächen jeweils beschädigt sind, können von Fritten kaum unterschieden werden. Dies führt häufig zu einer verwirrenden Bestimmung und Begrifflichkeit in der einschlägigen Literatur. Zudem wird Fayence und Fritte gelegentlich synonym verwendet, Fritten werden wie Fayencen teilweise als Glas bezeichnet, was vor allem bei den frühen Glas- bzw. glasähnlichen Objekten für Fehlinterpretationen sorgt.

Ein weiteres glasähnliches Material ist Ägyptisch Blau: Darunter ist ein gesintertes Siliziummaterial von blauer Farbe zu verstehen, das aus denselben Komponenten besteht wie Glas: Quarzsand, Kalk und Flussmittel. Zum Färben wurde Kupferoxyd verwendet. Die Grundbestandteile mussten rund 24 Stunden bei ca. 900 bis 1000 °C erhitzt werden. Ägyptisch Blau wurde seit der 4. Dynastie (ca. 2575–2465 v. Chr.) hergestellt und ist von grobkristalliner Struktur. Im gemahlenen Zustand diente es als Pigment und gilt damit allgemein als das erste synthetisch hergestellte Pigment. Ägyptisch Blau wurde etwa für die Malereien in den Gräbern und Tempeln des pharaonischen Ägyptens verwendet. Auch die Römer setzten es noch in großem Stil für ihre farbenfrohen Fresken ein. Mit einem Bindemittel versetzt, kann das Material wie Ton geformt und durch Brennen gehärtet werden. Der Name ist etwas irreführend, denn das Material wurde zwar in Ägypten erfunden, jedoch auch bald außerhalb hergestellt und genutzt.

Dem Glas auf den Grund kommen – naturwissenschaftliche Analysen

Mit modernen Analysetechniken lassen sich die Bestandteile von antikem Glas und von Objekten aus den diversen glasähnlichen Materialien sowie deren Verhältnis zueinander bestimmen. Verschiedene naturwissenschaftliche Verfahren können hier zum Einsatz gebracht werden, um den verwendeten Rohstoffen, deren Zusammensetzung sowie den

Der auf einer Töpferscheibe geformte Amphoriskos aus dem 7./6. Jh. v. Chr. wurde vermutlich aus Ägyptisch Blau gefertigt. Ohne naturwissenschaftliche Analysen ist die genaue Bestimmung von glasähnlichem Material zum Teil kaum möglich.

farbgebenden Komponenten auf die Spur zu kommen.

Die Röntgenfluoreszenzanalyse etwa wird zur Klärung der chemischen Zusammensetzung eingesetzt. Zur Bestimmung der färbenden Zusätze wird die Mikro-Raman-Spektroskopie verwendet. Die Herkunft des Rohmaterials kann mit der Strontium-Isotopen-Analyse überprüft werden – eine jedoch alles andere als zerstörungsfreie Methode: Man benötigt hierfür nämlich eine recht große Menge an Probenmaterial. Das hat zur Folge, dass komplette oder gar wertvolle Glasobjekte nicht untersucht werden können, sofern der Erhalt ihrer Vollständigkeit im Vordergrund des Interesses steht. Mit der Neodymium-Isotopen-Analyse lässt sich die Herkunft der Rohstoffe von römischem Glas bestimmen, allerdings ist hier ebenfalls die Entnahme von Proben erforderlich und die eben angeführten Einschränkungen gelten auch hier.

Quellen, Funde und Befunde

Glas vom pharaonischen Ägypten bis in die römische Kaiserzeit

Während es aus dem 1. Jh. v. Chr. sowie in römischer Zeit vermehrt Quellen zur Glasherstellung gibt und Glas und seine Bearbeitung auch in anderen Zusammenhängen bei griechischen und römischen Autoren immer wieder Erwähnung findet, sind schriftliche Nachweise aus dem 2. Jt. v. Chr. vergleichsweise rar gesät. Erschwerend kommt hinzu, dass in dieser frühen Zeit anscheinend weder im Vorderen Orient noch in Ägypten ein eigenes Wort für Glas existiert hat und der Begriff stattdessen mit – nicht immer eindeutigen – Formulierungen umschrieben wurde.

Die Annalen Thutmosis III. am Tempel von Karnak

Sucht man in altägyptischen Quellen nach der frühesten Erwähnung von Glas im eigentlichen Sinne, dann wird man bei den Annalen von Pharao Thutmosis III. (ca. 1480–1425 v. Chr.) am Ammun-Tempel von Karnak fündig. Aufgelistet unter den kostbarsten Materialien ist hier auch Glas genannt, in Ermangelung eines eigenen Begriffs allerdings blumig umschrieben als »fließender/künstlicher Stein«

Im Annalensaal des Ammun-Tempels von Karnak befindet sich unter einer Auflistung von Materialien auch eine Umschreibung für das Wort »Glas«. Es ist der früheste inschriftliche Nachweis für Glas, den es in Ägypten gibt.

und »gemachter Lapislazuli« (s. S. 27). Zur Herstellung und Beschaffenheit des Materials liefern die Inschriften im Annalen-Saal keine weiteren Informationen. Die verwendeten Bezeichnungen stimmen aber gut mit den Funden dieser frühen Zeit überein, in der Glas überwiegend als Glasfluss sowie in monochromer Form vorkommt und Steine nachahmt.

Ebenfalls in das 15. Jh. v. Chr. und in die Regierungszeit Thutmosis' III. gehört eines der frühesten datierbaren ägyptischen Glasgefäße. Es handelt sich um einen nur 8,1 cm hohen blaugrünen Glaskelch mit gelben und blauen Girlanden aus der Ägyptischen Staatssammlung München. Auf seinem Körper trägt er eine Kartusche mit dem Namen des Pharaos.

Aus dem Palastarchiv von Pharao Echnaton (ca. 1353–1336 v. Chr.) in Tell el Amarna stammen mit Keilschrift beschriebene Tontafeln, die so genannten Amarna-Briefe. Sie wurden bereits 1887 bei Raubgrabungen entdeckt und sind wertvolle Zeugnisse für die weitreichenden Handelsbeziehungen der damaligen Zeit. Leider gelangten die kleinen Tontafeln in den Kunsthandel. Einige wurden auch bei den wenig später von William Matthew Flinders Petrie durchgeführten Ausgrabungen gefunden. Insgesamt sind 382 Exemplare bekannt, jedoch ging die ursprüngliche Anzahl wohl in die Tausende. Die in Akkadisch gehaltene Korrespondenz belegt unter anderem Glasimporte aus der Levante nach Ägypten: In fünf Briefen ist hiervon die Rede. Ein sechster hält eine Lieferung von ägyptischem Glas nach Babylon schriftlich fest.

Möglicherweise sind Glasgefäße bereits aus dieser frühen Zeit vereinzelt auch bildlich überliefert, beispielsweise im Grab des Menna in Theben, eines Bediensteten des Pharaos (eventuell von Thutmosis IV.; 18. Dynastie). Auf der Schmalseite des Grabes ist die Tochter des Verstorbenen dargestellt, die zur Darbringung eines Opfers in jeder Hand ein Gefäß hält. Das Stück in ihrer Linken könnte aufgrund seiner charakteristischen marmorartigen Musterung vielleicht tatsächlich aus Glas bestehen.

Spätere schriftliche Nachweise aus Ägypten

Als bedeutendste Quelle für die Glasproduktion im pharaonischen Ägypten gilt der Papyrus Harris aus der Zeit Ramses' IV. Mitte des 12. Jh. v. Chr. Darin werden die Zuwendungen von dessen Vorgänger Ramses III. an verschiedene Tempel aufgelistet. Alle Worte, die sich auf Glas bzw. Glasfluss beziehen, sind mit den Adjektiven »geschmolzen« oder »künstlich« verbunden, so etwa geschmolzener/künstlicher Lapislazuli oder Türkis.

Der kleine blaue Glaskelch stammt aus dem ägyptischen Theben. Die Kartusche beweist, dass er im 15. Jh. v. Chr. während der Herrschaft von Thutmosis III. hergestellt wurde. Damit ist er eines der ältesten datierbaren ägyptischen Glasgefäße.

Eindeutige schriftliche Nachweise aus Ägypten gibt es erst wieder Jahrhunderte später in hellenistischer bzw. ptolemäischer Zeit. So zählen etwa die auf Griechisch verfassten Tebtynis-Papyri aus dem frühen 1. Jh. v. Chr. unter den ansässigen Kunsthandwerkern und Händlern auch einen Glasmacher auf. Griechische Autoren verweisen bei Kommentaren zu Glas ebenfalls auf Ägypten: Theophrast bezieht sich dabei wohl auf blauen Glasfluss, Kallixeinos von Rhodos erwähnt im frühen 2. Jh. v. Chr. mit Blattgold und Glaseinlagen verzierte Möbelstücke in einer Prozession Ptolemaios II. Philadelphos. Dieser Text hat sich allerdings leider nicht in seiner Originalversion erhalten, sondern ist nur durch eine Erwähnung in den Deipnesophistae des Athenaios aus dem 2. Jh. n. Chr. überliefert.

Ägyptische Glaswerkstätten

Für die frühe Glasverarbeitung im 16. und 15. Jh. v. Chr. fehlen Werkstattnachweise in Ägypten noch vollständig. Trotzdem ist die Forschungslage dort besser als im Nahen Osten, wo bisher noch überhaupt keine Glaswerkstätten archäologisch identifiziert werden konnten (s. S. 25 ff.).

Die älteste Glasverarbeitungswerkstatt des pharaonischen Ägyptens stammt vermutlich aus etwas späterer Zeit und befindet sich in Malqata nahe Theben am westlichen Ufer des Nils. Dort wurden Glasfragmente in einer so großen Menge ausgegraben, dass eine an den königlichen Palast angeschlossene verarbeitende Werkstatt vermutet wird. Sie datiert wahrscheinlich in die ersten Regierungsjahre von Pharao Amenophis III. (ca. 1387–1350 v. Chr.), d. h. in das frühe 14. Jh. v. Chr. Die Fundzusammensetzung entspricht dem Material der etwas späteren Glaswerkstätten aus Tell el Amarna; aufgrund fehlender Grabungspublikationen bleiben die weiteren Auffindungsumstände aber leider unbekannt. Weder über die genaue Lage der Werkstätten und die Herkunft der Funde noch über ihren Kontext liegen verwertbare Informationen vor. Es ist noch nicht einmal gesichert, ob tatsächlich alle Funde in das Metropolitan Museum of Art in New York gebracht wurden.

Grabungen und Analysen im größeren Stil erhellen hingegen zwei etwas jüngere ägyptische Glaswerkstätten: Tell el Amarna/Achet-Aton und Qantir/Pi-Ramesse.

Glasverarbeitung in Tell el Amarna/Achet-Aton

Pharao Amenophis IV. änderte seinen Namen in Echnaton und verlagerte Mitte des 14. Jh. v. Chr. den königlichen Palast von Theben in die von ihm neu gegründete Hauptstadt Achet-Aton in Mittelägypten, in das heutige Tell el Amarna. Bereits bei den Ausgrabungen des englischen Ägyptologen William Matthew Flinders Petrie im späten 19. Jh. wurde Glasproduktion nachgewiesen. Weitere Häuser mit in Innenhöfen gelegenen Produktionsöfen kamen bei deutschen (1912) und englischen Grabungen (1920er-Jahre) zutage. Bei aktuelleren Forschungen der 1990er- und 2000er-Jahre stieß man auf einen weiteren Werkstattbereich mit zwei großen Öfen, die eventuell für die Glasbearbeitung verwendet wurden. Dabei handelt es sich um die bisher wohl ältesten archäologisch dokumentierten Glasofenreste (s. S. 10 f.). Allem Anschein nach existierten also in mindestens drei unterschiedlichen Bereichen der Stadt Achet-Aton Werkstattgruppen, die mit Fayence und/oder Glas arbeiteten. Soweit es sich anhand der alten Grabungsdokumentationen noch überprüfen lässt, bearbeiteten die einzelnen Werkstätten offenbar schwerpunktmäßig unterschiedliche Materialien. In einem der erforschten Bereiche waren Fayence und Nachweise für die Glasbearbeitung gleichermaßen stark vertreten, in einem zweiten scheint überwiegend Fayence produziert worden zu sein. Andere Werkstätten wiederum kombinierten anscheinend die Herstellung von Fayencen mit Metallverarbeitung bzw. Bildhauerei, arbeiteten aber nicht mit Glas. In Tell el Amarna wurde Rohglas sicher nicht nur produziert, sondern auch weiterverarbeitet – etwa in verschiedenfarbige Stäbe zur Verzierung und Perlen. Belegt sind alle damals existierenden Farben (Grün, Blau, Gelb, Braun, Weiß, Schwarz), am häufigsten aber blaues und vor allem kobaltblaues Glas.

Die Erforschung der Werkstätten erlaubt auch Rückschlüsse auf die Lebensumstände der ägyptischen Glasarbeiter, die hier in Verbänden gemeinsam wirkten. Namentliche Nennungen zeigen das im pharaonischen Ägypten typische Arbeitssystem, das hierarchisch in drei Stufen unterteilt war. Zuunterst standen die eigentlichen Arbeiter, über ihnen die Chefarbeiter, die jeweils etwa 20 bis 30 Personen beaufsichtigten. Auf der obersten Stufe befanden sich die Aufseher, die gesellschaftlich zur Oberschicht gehörten, möglicherweise sogar zum Umfeld des Palastes. Anhand der verwendeten umschreibenden Begriffe lässt sich aber leider nicht klären, ob die aufgelisteten Personen jeweils in der Glasherstellung bzw. -verarbeitung tätig waren oder aber mit Fayence bzw. Lapislazuli zu tun hatten.

Glasproduktion in Qantir/Pi-Ramesse

Auch beim heutigen Qantir, der antiken Hafenstadt Pi-Ramesse im östlichen Nildelta, ließen sich Glaswerkstätten belegen. Die wohl noch von Pharao Sethos I. gegründete Stadt wurde unter seinem Sohn Ramses II. im 13. Jh. v. Chr. zum Regierungssitz und zur Hauptstadt des Neuen Reiches. Archäologen lieferten seit den 1980er-Jahren Nachweise für die Rohglasherstellung und Glasverarbeitung. In drei Ausgrabungsarealen südlich der modernen Stadt dokumentieren Werkstattabfälle jeweils die Verbindung mehrerer Handwerksbereiche. Während eine Werkstatt vor allem zur Bronzebearbeitung diente (aber zusätzlich mit Glas und Fayence arbeitete), war eine andere auf Glas und Ägyptisch Blau spezialisiert. Eine dritte Werkstatt widmete sich überwiegend der Rohglasproduktion. Neben dem Zwischenprodukt Fritte und Produktionsabfällen wurden auch aus Nilschlamm gefertigte zylindrische Häfen mit etwa einem Liter Fassungsvermögen entdeckt, in denen Rohglas zu runden Barren geschmolzen wurde. Darüber hinaus fanden sich ovale, so genannte Reaktionsgefäße, in denen Fritte gefertigt wurde. Sie waren, wie auch die Tiegel, innen mit einer Kalkschicht verkleidet, die als Trennmittel von Schmelze und Gefäßen diente.

Ab wann genau diese Werkstätten in Betrieb waren und ob sie zeitgleich oder nacheinander ihre Produkte anfertigten, ist ungeklärt. Auf einem Fußboden der auf Glas und Ägyptisch Blau spezialisierten Werkstatt konnten aber in situ Abfälle geborgen werden, darunter ein Kartonagefragment mit einer Inschrift für Ramses II. Es war mit Glasabfallprodukten sowie mit gebranntem Ton bedeckt und datiert in das erste Drittel des 13. Jh. v. Chr. Die ausgewerteten Funde legen nahe, dass in Pi-Ramesse vor allem Rohglas in Form von roten Glasbarren hergestellt wurde, und das in beinahe schon industriellem Ausmaß. Quantitative Hochrechnungen anhand des Abfalls ergeben eine Produktionsmenge von insgesamt wohl mehreren Hundert Kilogramm Glas.

Kom Medinet Gurob und Lisht

Weitere ägyptische Glaswerkstätten konnten mutmaßlich für Kom Medinet Gurob und Lisht dokumentiert werden, sind jedoch bislang nicht ausreichend erforscht. Aus Kom Medinet Gurob im Fayum-Becken, das etwas jünger ist als die Anlagen von Malqata, stammen ebenfalls Glasgefäße und Perlen, aber keine direkten Nachweise für Glasproduktion. Eine lokale Herstellung wird nur deshalb angenommen, weil die Glasfunde stilistisch leichte Unterschiede zu den Objekten aus Amarna aufweisen.

Aus der Zeit der 20. Dynastie im 12. Jh. v. Chr., als der Pyramidenkomplex aus dem Mittleren Königreich in Lisht, südlich von Kairo, wieder genutzt wurde, stammen Glasfunde und Überreste von Glasbearbeitung. Sie datieren später als die übrigen bekannten Werkstätten und sind außerdem von geringerer Qualität. Möglicherweise handelt es sich um wiederverwendetes Glas. Aufgrund der schlechten Publikationslage kann aber auch hier nicht mit Gewissheit von einer weiteren Glasproduktion gesprochen werden.

Spezialisierung und Handelsbeziehungen

Während in Pi-Ramesse überwiegend rotes Glas produziert wurde, sind in Tell el Amarna blaues und vor allem kobaltblaues Glas am häufigsten. Die kobalt- und kupferblauen bis grünen Glasrohlinge aus dem

Eines der bekanntesten Wracks ist das spätbronzezeitliche Handelsschiff von Uluburun, das um etwa 1300 v. Chr. vor der südtürkischen Küste sank. Zu seiner Ladung gehörten auch Glasrohlinge und Kupferbarren.

Die blauen Glasbarren stammen aus dem Schiffswrack von Uluburun. Man konnte Rohglas in dieser Form gut über weite Strecken transportieren und anschließend in Glaswerkstätten zu Gefäßen, Schmuck oder Einlagen verarbeiten.

wohl im ausgehenden 14. oder frühen 13. Jh. v. Chr. gesunkenen Schiffswrack von Uluburun weisen unterschiedliche Durchmesser und Dicken auf, was auf verschiedene Tiegelgrößen bei der Herstellung und dadurch vielleicht auf die Herkunft aus mehreren Werkstätten hindeuten könnte. Eventuell ist für die Glasherstellung in dieser Zeit also eine – zumindest teilweise – Organisation nach Farben denkbar. Möglich wäre in diesem Fall eine Spezialisierung einzelner Werkstätten auf eine oder mehrere Farben. Vorstellbar ist entweder ein Monopol auf die Rohstoffbeschaffung (beispielsweise auf kobaltreiche Salze) oder auf das gut gehütete technische Wissen in einem bestimmten Bereich, wie etwa die Herstellung von rotem Glas. Kupferblaues Glas vermochten vielleicht alle zu produzieren, denn für diese Farbe waren weder spezielle Kenntnisse noch besondere Rohstoffe erforderlich.

Anhand der wenigen untersuchten Werkstätten im pharaonischen Ägypten ist auch eine Unterscheidung von Glasherstellung und Glasverarbeitung möglich. Während aus Tell el Amarna überwiegend Nachweise für die Verarbeitung vorliegen, ist für Pi-Ramesse bisher fast ausschließlich die Herstellung belegt. Rohglas wurde nachweislich über große Strecken transportiert. Das belegen eindrucksvoll die mindestens 175 Glasbarren aus dem Schiffswrack von Uluburun, das vor der lydischen Küste, 12 km südöstlich der Stadt Kas in der heutigen Türkei, sank. Auch ägyptische Grabdarstellungen von Beutezügen in Syrien zeigen eventuell Glasbarren, und in den Amarna-Briefen wird mehrmals auf den Glashandel eingegangen. Farbige Glasbarren konnten also über weite Distanzen auf dem Wasser- und dem Landweg befördert und dann auf höchster politischer Ebene getauscht oder verhandelt werden. Dementsprechend sind unter den Werkstattabfällen in Tell el Amarna so gut wie alle damals bekannten Farben vertreten, obwohl sich die lokale Glasherstellung nach heutigem Forschungsstand wohl hauptsächlich auf Blau und Weiß beschränkte. All das deutet auf ein weit verzweigtes Produktions- und Handelsnetz für die Glasherstellung und -verarbeitung in der Spätbronzezeit.

Glasrezepte aus Ninive

Außerhalb Ägyptens gibt es nur wenige literarische Quellen zur frühen Glasherstellung; sie datieren erst in das frühe 1. Jt. v. Chr.

Mehrere Tontafeln mit Keilschrifttexten dokumentieren eindrucksvoll die schriftliche Weitergabe des handwerklichen Wissens. Die meisten Tafeln befinden sich heute im British Museum in London. Fünf der Texte stammen ursprünglich aus der mit über 25 000 Tontafeln ausgestatteten Bibliothek des neoassyrischen Königs Assurbanipal (668–626 v. Chr.) in Ninive am Tigris (heutiger Irak), je ein weiterer aus Babylon und aus dem hetithischen Bogazkö. Es handelt sich jeweils um komplizierte Schilderungen der Glasherstellung. Der für das Grundglas verwendete Begriff war »zuku«. Dass in die Abläufe der technischen Prozesse häufig auch kultische Handlungen mit einflossen, trägt nicht unbedingt zum leichteren Verstehen der Texte bei. Die Glasrezepte von Ninive beschreiben aber offenbar nicht nur die Herstellungsweise zum Zeitpunkt ihrer Niederschrift im 7. Jh. v. Chr. Häufig gebrauchte ältere Formulierungen legen nahe, dass sie sich auf teils jahrhundertealte Traditionen beziehen. Somit dokumentieren die Tafeln die besondere Bedeutung des Werkstoffes Glas im 2. und frühen 1. Jt. v. Chr.

Glas im 1. Jahrtausend v. Chr.

Während der zweiten Hälfte des 1. Jt. v. Chr. nahm der Handel mit Glas im Mittelmeerraum zu; indes lässt sich aber ein Großteil der Gläser dieser Zeit nicht mehr eindeutig einem bestimmten Herstellungsort bzw. einer Region in Mesopotamien, Ägypten, Syrien, Phoenikien, Zypern oder der Ägäis zuweisen. Verhandelt wurden ab dem 6. Jh. v. Chr. vor allem Kosmetikprodukte in kleinen Glasfläschchen, die teils griechischen Gefäßformen nachempfunden waren wie z. B. Alabastren und Amphorisken ebenso wie Aryballoi, Oinochoen und Hydrisken (s. S. 39). Diese mediterranen kerngeformten Glasfläschchen wurden im großen Stil gefertigt. Ein bekannter Herstellungsort lag etwa in Rhodos, das ab dem 6. Jh. v. Chr. als wichtiges Produktionszentrum mit eigenen Hütten im östlichen Mittelmeerraum gilt. Vom 4. bis 1. Jh. v. Chr. fertigten die Werkstätten auf Rhodos auch formgeschmolzene Glasschalen und -schüsseln.

Ein Hinweis zur Kostbarkeit achämenidischer Glasgefäße findet sich in der 425 v. Chr. erstmals aufgeführten Komödie »Die Acharner« von Aristophanes. Darin werden sie zusammen mit Gefäßen aus Gold genannt (Zitat s. S. 37). Die Hervorhebung legt nahe, dass den Griechen das Trinken aus Glasbechern damals als etwas ganz Besonderes und Luxuriöses galt.

Alexandrias Bedeutung als Herstellungszentrum für Luxusglas im 3. und 2. Jh. v. Chr. wird in der Folge bei verschiedenen griechischen und römischen Autoren wie Athaneus, Cicero, Strabon und Sueton erwähnt.

Römische Quellen

Die meisten schriftlichen Quellen stammen von römischen Autoren bzw. aus römischer Zeit. Am häufigsten zitiert ist sicher der Schriftsteller Gaius Plinius Secundus Maior, der die viele Bücher umfassende Naturgeschichte verfasst hat. Es gibt aber noch einige frühere literarische Verweise auf Glas.

Die älteste bekannte lateinische Nennung des Wortes »Glas« (vitrum) findet sich Mitte des 1. Jh. v. Chr. bei Lucretius (De Rerum Natura 4, 145 ff.). In die Zeit nach 16 n. Chr. datiert eine Anmerkung von Propertius zu Glasgefäßen bzw. zu einem kompletten Geschirrsatz aus Glas (Elegien 4,8,37). Während die eigentlichen Glasmacher in römischen Texten als »vitrearii« überliefert sind, gab es spezialisierte (Kunst-)Handwerker für die Weiterverarbeitung der Glasgefäße im erkalteten Zustand wie etwa die »diatretarii«, die Schleifer und Glasschneider, die auch Kameen bearbeiteten.

Alexandria und Sidon sind in antiken Schriften als herausragende Glaszentren von besonderem Ruf bekannt. So werden die Glashütten von Sidon beispielsweise auch in augusteisch-frühtiberischer Zeit vom griechischen Geschichtsschreiber und Geografen Strabon (ca. 63 v. Chr.–23 n. Chr.) zitiert. Zudem schreibt er über Glassand und Glasherstellung (Geographika 16, 2, 25): »Zwischen Aka (Ptolemais) und Tyrus ist ein sandiges Ufer, welches den Glassand liefert. Er wird aber, wie man sagt, nicht hier geschmolzen, sondern zur Schmelzung nach Sidon geschafft. Einige behaupten, dass auch die Sidonier diesen zur Schmelzung geeigneten Sand haben, andere aber, dass überhaupt aller Sand schmelze« (Übersetzung nach A. von Saldern).

Zum Thema des für die Glasherstellung geeigneten Sandes bei Ptolemais äußert sich einige Jahrzehnte später auch der römisch-jüdische Historiker Titus Flavius Josephus in seinem zwischen 75 und 79 n. Chr. verfassten Werk über den Jüdischen Krieg (De Bello Iudaico 2,10,2).

Plinius geht in seiner Naturgeschichte ausführlich auf die Glasentdeckung (zur angeblich zufälligen Erfindung von Glas durch Sodahändler s. S. 79), die Rohstoffe und Glasherstellung sowie die Glasbearbeitung und Produktionszentren ein (Naturgeschichte XXXVI,190–199): »(190) Der Küstenstreifen misst nicht mehr als 500 Schritte, und doch genügte er für viele Jahrhunderte zur Herstellung von Glas (…) (191/192) Wie es die erfinderische Geschicklichkeit gebot, war man später mit der Beimischung von Natron nicht zufrieden; man begann, (Magnet-)Braunstein beizufügen, weil man glaubte, er würde wie das Eisen auch den Glasfluss an sich ziehen. (…) (193) Man setzt den Schmelzprozess mit leichtem und trockenem Holz in Gang und fügt Kupfer und Natron hinzu, vorzugsweise aus Ophir. Glas wird wie Kupfer in unmittelbar aneinanderliegenden Öfen geschmolzen, und es entstehen schwärzliche Massen von fett (ähnlicher) Farbe. (…) Aus der Rohmasse schmilzt man das Glas erneut in den Hütten, färbt und formt es teils durch Blasen, teils durch Bearbeitung auf der Drehscheibe, teils durch Ziselieren, wie beim Silber; Sidon gelangte einst durch diese Werkstätten zu Berühmtheit, und man erfand dort auch die Spiegel (…) (194/195) Dies war das alte Verfahren zur Herstellung des Glases. Heute aber wird auch ein im Voltur-

Manchmal haben sich auch bildliche Darstellungen von Glasgefäßen erhalten. Auf einer Wandmalerei aus Pompeji ist eine große Glasschale mit Obst abgebildet. Das Glas ist durchsichtig und man kann gut die verschiedenen Früchte wie Äpfel, Birnen und Trauben erkennen.

Die große Glasschale mit Granatäpfeln gehört zu einer römischen Wandmalerei aus der Villa von Oplontis (um 40 v. Chr.).

nus, einem Flusse Italiens, vorkommender Sand an einer Küste von sechs Meilen Länge zwischen Cumae und Liternum – dort ist er am weichsten – im Mörser oder in der Mühle zerrieben. Dann mischt man ihn mit drei Teilen Natron, nach Gewicht oder Volumen, und gießt ihn nach dem Schmelzen in andere Öfen über. (…) Man berichtet, man habe unter der Regierung des Tiberius ein Mischungsverhältnis gefunden, welches (das Glas) biegbar machte, habe aber die ganze Werkstatt dieses Künstlers zerstört, damit die Preise von Metallen wie Kupfer, Silber und Gold nicht fielen (…)« (Übersetzung nach R. König).

An anderer Stelle beschreibt Plinius, wie der Aedil Marcus Scaurus, der Stiefsohn Sullas, ein protziges Theater erbauen ließ, dessen Bühne aus drei Stockwerken mit 360 Säulen bestand (Naturgeschichte XXXVI, 114): »Der untere Teil der Bühne bestand aus Marmor, der mittlere aus Glas, eine auch später (noch) unerhörte Art des Luxus, der oberste aus vergoldeten Tafeln«.

Die Formenvielfalt des Glasblasens und die Fähigkeiten der Glasbläser schildert unter anderem Seneca im 1. Jh. n. Chr. (Epistulae morales ad Lucilium 90, 31): »Ich würde (…) gerne einen Glasbläser vorführen, der mit seinem Atem dem Glas zahlreiche Formen gibt, wie man sie mit geübter Hand kaum zustande brächte«. (Übersetzung nach M. Honroth).

Mehrere Jahrhunderte später listet das Diocletianische Preisedikt von 301 n. Chr. Höchstpreise für Glas verschiedener Qualitäten auf. Ein Pfund »alexandrinisches« Glas kostete demnach 24 Denare, ein Pfund »grünliches jüdäisches« Glas 16 Denare. Dabei handelte es sich anscheinend um Rohglas, denn »glatte« Gefäße der beiden Arten sind mit jeweils 30 bzw. 20 Denaren pro Pfund vermerkt. Vielleicht wurde damals aus Alexandria Luxusware verhandelt und aus dem syrisch-palästinischen Raum einfacheres Glas. Über die Gründe für die Preisunterschiede lässt sich natürlich nur spekulieren, ebenso darüber, ob die Namen sich tatsächlich auf die Herkunftsorte beziehen oder im Laufe der Zeit möglicherweise auch als Bezeichnung für eine Glasqualität übernommen wurden.

Neben den schriftlichen gibt es gelegentlich auch bildliche Überlieferungen von Gläsern. Eine große Glasschale mit Fuß und zwei Henkeln, in der sich

Granatäpfel befinden, ist z. B. auf einer um 40 v. Chr. entstandenen Wandmalerei in der Villa von Oplontis zu sehen. Auf Sarkophagen sind hin und wieder Abbildungen von Gefäßen erkennbar, deren Material zwar nicht immer eindeutig zu bestimmen ist, die aber zumindest teilweise ebenfalls Gläser darstellen.

Produktionsstätten

Eindrücklich belegen archäologische Funde durch die Zeiten die Wichtigkeit einzelner Produktionsstätten. In Pompeji und Köln wurden jeweils große Mengen von Gebrauchsgläsern, aber auch qualitativ hochwertiger Luxusware ausgegraben, in Aquileia, Jerusalem und Lyon existierten vermutlich bedeutende Manufakturen. Von wenigen lokalen Besonderheiten und Produktionsstempeln abgesehen, lässt sich aber meist nicht eindeutig klären, ob ein Glasfund tatsächlich am Ort der Ausgrabungsstätte hergestellt oder etwa aus Alexandria, Köln oder Jerusalem importiert worden war. Eine genauere Zuordnung ist nur in Ausnahmen wie z. B. bei den pharaonischen Werkstattfunden in Theben-West oder Tell el Amarna und im hellenistischen Rhodos möglich. In anderen Fällen machen ausgegrabene Glasöfen, Glashütten, Rohglas, Schmelzreste und Scherben eine lokale Produktion vieler Gläser zumindest wahrscheinlich, wenngleich sie nicht immer sicher nachweisbar ist. Das gilt unter anderem für Fundorte römischer Gläser aus Aquileia, Avenches, Köln, Tanais und Jalame.

Zu den rheinischen Gläsern der Römerzeit, als deren Herstellungszentrum Köln gilt, zählen solche mit Schlangenfaden- und Schnittdekor, Konchylien- und Nuppendekor. Natürlich ist es auch gut vorstellbar, dass sich mit der Zeit Ableger der Werkstätten an anderen Orten im Rheinland oder im gallischen Raum ebenfalls auf diese Verzierungstechniken spezialisierten.

Handel und Transport

In Form von Barren, Blöcken oder Brocken wurde das in den Glashütten produzierte Rohglas verhandelt und teilweise über große Strecken quer durch die damalige bekannte Welt verschickt. Archäologisch ist der Transport über Wasser durch antike Schiffswracks und deren Ladungen nachgewiesen. Neben dem Wrack von Uluburun gehört etwa auch das bei Korsika im 3. Jh. v. Chr. gesunkene Handelsschiff von Les Sanguinaire dazu, das unter anderem etwa 500 kg Rohglasbarren vermutlich syrisch-palästinischer Provenienz geladen hatte. Ein im 1. Jh. n. Chr. vor dem

Der römische Sarkophag von Simpelveld in den Niederlanden ist auf allen vier Innenseiten mit Reliefs versehen. Auf einer der beiden Längsseiten sind auf Regalen neben einem dreibeinigen Tisch Glaskrüge abgebildet.

Die hexagonale Flasche aus der ersten Hälfte des 1. Jh. n. Chr. wurde in eine mehrteilige Vorform geblasen. Auf dem Flaschenkörper ist in sechs Feldern jeweils ein Vogel oder Insekt dargestellt. Vielleicht wurde dieses Gefäß in Sidon gefertigt.

kroatischen Mljet verunglücktes Schiff beförderte blaugrüne Blöcke von Rohglas. Funde aus dem 2. und 3. Jh. n. Chr. stammen beispielsweise von Wracks, die vor Marseille (Frankreich) und Mellieha (Malta) entdeckt wurden. Ein vor der französischen Insel Embiez untergegangenes Schiff hatte geschätzte 20 t Glas an Bord, davon etwa 17,75 t Rohglas. Aufgrund seiner Zusammensetzung wird ein Produktionsort im Nahen Osten vermutet. Auch auf dem Landweg sind entlang wichtiger Handelsstraßen Rohglasfunde dokumentiert, in Ägypten, Nordafrika und Palästina ebenso wie in der französischen Provence.

Die Weiterverarbeitung des Rohglases erfolgte in römischer Zeit entweder in weiteren Glashütten (z. B. in Jalame, Kaiseraugst oder Avenches) und -werkstätten oder in einer Art Raffinerie, wo das Glas nur so weit erhitzt wurde, dass es sich verformen ließ (entsprechend den späteren Drückglashütten wie die Gablonzer Industrie). Im Mittelalter wurden auf diese Art beispielsweise Perlen, Ringe und Reifen hergestellt. Eine Sonderform der Weiterverarbeitung könnte man in den Glasbläserwerkstätten sehen, die genau genommen »vor der Lampe« arbeiteten, also importiertes Rohhohlglas in Form von Rohren oder Stäben mithilfe einer starken Flamme so weit erweichten, dass es durch Blasen und Biegen bearbeitbar wurde. Nachgewiesen ist eine solche Werkstatt für das antike Rhodos.

Frühkaiserzeitliche Exporte wohl überwiegend levantinischer (?) Luxusgläser wurden durch das gut ausgebaute Handelsnetz in den Osten, Norden und Westen geliefert, wie z. B. Ausgrabungsfunde aus Korinth, Dura Europos, Ctesiphon, Begram, von der nördlichen Schwarzmeerküste, Siphnos, Zypern, Kreta und aus Quseir al-Qadim belegen. Zu den Exporten syrisch-palästinischer Herkunft gehören bei den formgeblasenen Gefäßen auch die so genannten sidonischen Flaschen.

Fertige Glasgefäße mussten für die Beförderung gut verpackt und ausreichend geschützt werden. Handelte es sich um Transportgefäße, die nicht als Leergut, sondern bereits gefüllt die Reise antraten, dann hing ihr Wert vom Inhalt ab. Dazu zählen Flüssigkeiten wie Wein, Garum, Olivenöl und aromatische Öle. Preiswerte einfache Massenware dürften unter anderem Frontinus- und Merkurflaschen sowie Delphin-Aryballoi für Badeöle gewesen sein, die sich leicht und schnell herstellen ließen. Aufgrund ihrer aufwendigen und zeitintensiven Anfertigung dagegen kostspieliger waren sicher die kerngeformten sowie fadengeschmückten Salbgefäße aus vorrömischer Zeit, Alabastra oder auch Pyxiden aus Mosaikglas.

Um die zerbrechlichen Gefäße (mit oder ohne Inhalt) für die Reise über Wasser und/oder über Land vorzubereiten, wurden sie in römischer Zeit meist mit Stroh in Kisten verstaut; nachgewiesen sind außerdem Verpackungen in Körben und großen Tongefäßen oder ein Schutz durch Bleiummantelungen. So wurden bereits 1921 zehn hölzerne Transportkisten mit insgesamt 70 verpackten Gläsern aus spätrömischer Zeit in Karanis im Fayum-Becken gefunden. Viergeteilte Transportkisten stammen beispielsweise aus dem oberägyptischen Akhmîm und dem belgischen Penteville bei Gembloux. Eine wohl kurz vor dem Vesuvausbruch 79 n. Chr. aus der Umgebung von Pompeji eingetroffene und noch nicht ausgepackte Glaslieferung wurde in einem Laden in Herculaneum ausgegraben: In einer Kiste mit Bronzebeschlägen lagen in Stroh und Stoff verpackt nach Formen geordnet Rippenschalen, zylindrische und birnenförmige Flaschen, Becher, eine Flasche in Kopfform, eine prismatische Flasche mit Bodenkennzeichnung des Fabrikbesitzers Publius Gessius Ampliatus und Schöpflöffel.

Frühe Anfänge

Glas im 2. Jahrtausend v. Chr.

Bevor es gelang, Glasobjekte herzustellen, gab es im Vorderen Orient und in Ägypten schon im 5. Jt. v. Chr. Verfahren, um Steine (vor allem Steatit) und später dann auch Ton durch Brand mit einem glasähnlichen Überzug zu versehen. Diese Glasuren setzten sich im Wesentlichen aus den gleichen Bestandteilen zusammen wie Glas, eigneten sich aber nicht zur Herstellung von Objekten, sondern lediglich als Überzug.

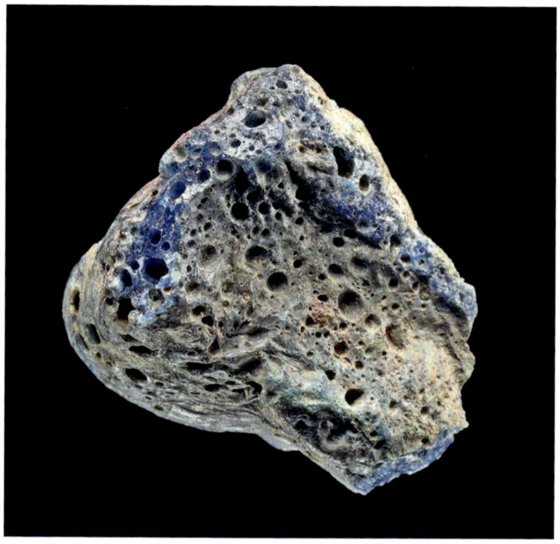

Der 3,8 cm x 3,3 cm x 3,4 cm große Brocken aus blauem Glas datiert in die Zeit um 2050 v. Chr. und kam 1919 bei Ausgrabungen in Eridu, Abu Shahrein, im Südirak zutage. Er zählt zu den frühesten bekannten Glaserzeugnissen.

Glas oder glasähnlich?

Die frühesten Gegenstände aus Glas stammen aus Kontexten des 3. Jt. v. Chr. in Mesopotamien (heutiger Irak, nordöstliches Syrien) sowie in der Südtürkei, allerdings handelt es sich um vereinzelte Stücke, meist Perlen. Die älteste bekannte aus Tell al-Judaidah in der Amuq-Ebene nahe der türkischen Stadt Antakya datiert ins frühe 3. Jt. v. Chr. Eine etwas jüngere kupferne Nadel mit Glaskopf aus der Zeit zwischen 2350 und 2150 v. Chr. wurde in Nuzi (Irak) entdeckt. In Eridu, Abu Shahrein im Irak, fand sich ein blauer Brocken Glas, wohl aus dem späten 3. Jt. v. Chr.

Mehrere weitere Glasfunde verortet man im 3. und früheren 2. Jt. v. Chr., allerdings ist die Zuordnung zum Befund häufig ebenso unklar wie das Material selbst, da vor allem die frühen Glasprodukte schwer von glasähnlichen Materialen wie Fritte oder Fayence zu unterscheiden sind. Das für Perlen dieser Zeit verwendete Glas entstand wohl als unbeabsichtigtes Neben- bzw. Abfallprodukt bei der Metallverarbeitung. Möglicherweise handelte es sich auch um überhitzte Fayencen, die völlig durchgeschmolzen sind, was die »Glasperlen« wieder zu einem Zufallsprodukt machen würde.

Eine intentionale Glasproduktion ist nach aktuellem Forschungsstand nicht vor der zweiten Hälfte des 16. Jh. v. Chr. im nördlichen Syrien und in Mesopotamien nachweisbar: Nun hatten Handwerker entdeckt, dass durch Schmelzen von Quarzsand und Soda-Asche ein gut zu verarbeitender Werkstoff gezielt herzustellen war, der sich durch Zugabe von Metalloxiden auch färben ließ.

Glasrezepte, die in der Bibliothek König Assurbanipals (668–626 v. Chr.) in Ninive (s. S. 19) gefunden wurden und deren Inhalte bis ins 2. Jt. v. Chr. zurückgehen, belegen einerseits die Bedeutung von Glas in dieser Zeit, andererseits klären sie uns aber auch über die damalige Technologie auf. Sie enthalten wichtige Informationen zu den Rohstoffen, zur Herstellung und zum Färben von Glas sowie zu den Schmelzöfen, selbst wenn von sprachlicher Seite her nicht alle Fragen geklärt sein mögen. Glas war damals ein Luxusprodukt. In der holzarmen Gegend Mesopotamiens

Die frühesten aus Glas gefertigten Objekte waren Perlen. Die Kette aus dem Zweistromland setzt sich aus türkisfarbenen Fayence- sowie blauen und türkisfarbenen Glasperlen zusammen. Sie datiert in das 15./14. Jh. v. Chr.

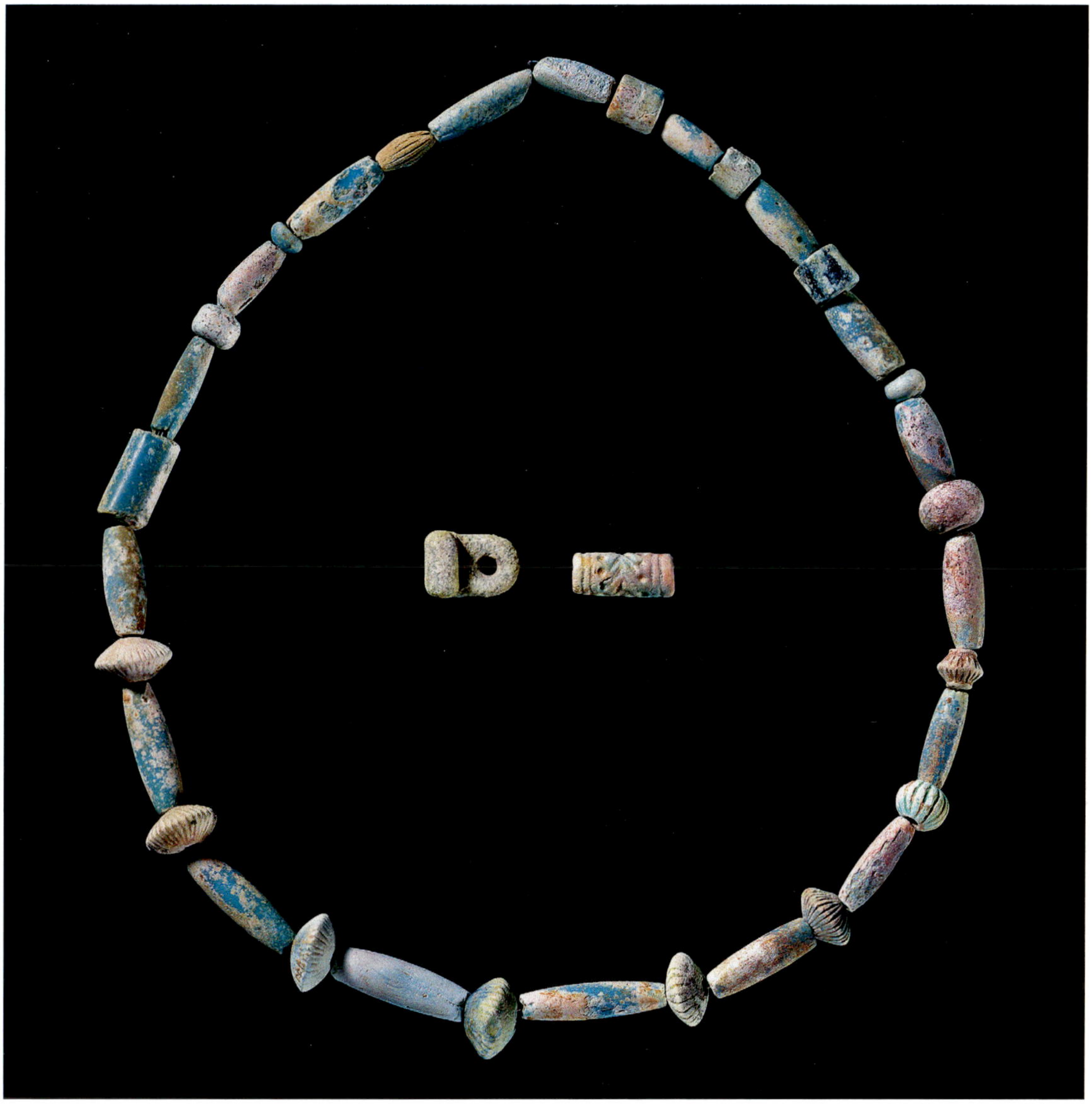

und Nordsyriens war die Bereitstellung des für den Schmelzprozess notwendigen Brennstoffs mit großem Aufwand und hohen Kosten verbunden. Wo sich die frühen Produktionsstätten befanden, ist unklar; vermutlich gab es verschiedene Zentren. Glasbarren sind etwa aus Assur im Irak sowie aus Tell Brak und Terqa, dem heutigen Tell Asharan, in Syrien bekannt. Allerdings muss offen bleiben, ob dort Glas hergestellt oder nur verarbeitet wurde.

Bei der Mehrzahl der frühen Glasprodukte handelt es sich um Perlen, Amulette und Einlagen. Zur Fertigung wurde die Glasmasse entweder um Drähte oder Stäbe geformt, oder aber die Objekte wurden durch Schmelzen in einer offenen Form gefertigt: Dabei füllte der Handwerker eine Form mit kleinen Glasbruchstücken, die er dann erhitzte.

Die türkisen oder blauen Perlen und Amulette imitieren Schmucksteine wie Türkis oder Lapislazuli. In Kult und Religion des Zweistromlandes spielte die Farbe Blau eine große Rolle. Ihr wurden apotropäische, also übelabwehrende Eigenschaften zugeschrieben. Allerdings wurde Lapislazuli während der gesamten Antike offenbar ausschließlich im nordostafghanischen Badakhastan abgebaut. Dementsprechend wertvoll und teuer muss er gewesen sein und trotz der weitläufigen Handelsbeziehungen der altorientalischen Reiche schwer zu beziehen. Somit waren die zwar ebenfalls kostbaren, aber einfacher zu erwerbenden Glasschmuckstücke ein adäquater Ersatz, um alles Übel und Schlechte von sich fernzuhalten. Interessanterweise bedeutet der Begriff für »Glas« im Akkadischen, der Lingua franca des Vorderen Orients, wörtlich übersetzt »Lapislazuli aus dem Ofen« – im Gegensatz zu »Lapislazuli aus dem Gebirge«, mit dem der echte Schmuckstein bezeichnet wurde.

Zahlreich sind die so genannten Nuzi-Perlen, die ihren Namen nach dem nordirakischen Fundort süd-

Anhänger aus blauem oder türkisfarbenem Glas wie dieser aus dem 15./14. Jh. v. Chr. wurden u. a. zur Wanddekoration an Schnüren in Heiligtümern aufgehängt. Die Farben Blau und Türkis spielten in Kult und Religion Mesopotamiens eine große Rolle.

östlich von Ninive erhalten haben: In die rechteckigen Perlen mit Rippenverzierung wurden in Längsrichtung zwei Löcher zum Auffädeln gebohrt. Sie waren auch außerhalb des Zweistromlandes im 16. und 15. Jh. v. Chr. weit verbreitet. Nachweise gibt es aus Mykene, Ägypten und sogar dem Kaukasus.

Auch Hohlgefäße existierten bereits in dieser Zeit. Sie wurden um einen Kern geformt. Die ältesten Exemplare stammen aus Alalach (Türkei), dem heutigen Tell Açana nahe Antakya, und datieren um die Wende vom 16. zum 15. Jh. v. Chr. Weitere frühe Glasgefäße wurden in Tell Brak im Nordosten Syriens entdeckt. In die Zeit um 1500 v. Chr. fällt auch die Erfindung von Mosaikglas, das sich dann im Hellenismus – technisch verfeinert – großer Beliebtheit erfreute (s. S. 46 ff.). Zwar wurde die Erfindung der Technik lange ägyptischen Handwerkern zugeschrieben, allerdings belegen frühe Funde in Tell el Rimah, dass das Verfahren von Mesopotamien aus nach Ägypten gelangt sein muss, wo es dann weiterentwickelt wurde.

Erste Blüte der Glasmacherkunst

Vom Vorderen Orient breitete sich die Kenntnis der Glasverarbeitung nach Ägypten aus, das im 15. Jh. v. Chr. schließlich eine erste Blütezeit der Glasmacherkunst erlebte. Davon zeugen vor allem qualitativ hochwertige Hohlgefäße, die ihresgleichen suchen.

Das älteste bekannte Glas aus dem pharaonischen Ägypten stammt wohl aus dem Grab von Königin Ahhotep I. (Ende 17. Dynastie, ca. 1575–1530 v. Chr.) und war als Einlagen in ihren Sarkophag eingearbeitet. Vermutlich handelt es sich jedoch um einen Import aus Mesopotamien. In der Folgezeit nimmt das eingeführte Glas allmählich zu. Mit dem erfolgreichen Feldzug von Pharao Thutmosis III. (ca. 1480–1425 v. Chr.) nach Syrien gelangten erstmals größere Mengen in das Land am Nil und eventuell auch die ersten verarbeitenden Handwerker: Im Zusammenhang mit der beginnenden Herstellung von gläsernen Gegenständen in Ägypten selbst wird diskutiert, ob diese Handwerker aus der Fremde auch für die ersten ägyptischen kerngeformten Glasgefäße verantwortlich waren. Allerdings dürfte es nicht lange gedauert haben, bis auch einheimische Handwerker die Technik erlernten.

Mit großer Wahrscheinlichkeit wurde Glas in Ägypten zunächst nur weiterverarbeitet, d. h. man fertigte die zierlichen Gefäße, den Schmuck, die Gesichts- bzw. Körpereinlagen sowie die aus verschiedenen Materialien zusammengesetzten Statuetten aus importiertem Rohglas an. Die ältesten Glaswerkstätten sind in Malqata in der Palastanlage von Amenophis III. (ca. 1387–1350 v.) nahe Theben entdeckt worden (s. S. 17 f.): Den Ausgräbern zufolge kamen Verarbeitungsrückstände, Glasstäbe und Tiegel zuta-

Die Korrespondenz zwischen den Pharaonen und den Herrschern der Reiche im Vorderen Orient wurde auf akkadisch – der Lingua franca der Zeit – geführt. Zahlreiche Tontafeln mit Briefen haben sich aus dem Palastarchiv Echnatons erhalten: Fünf berichten von Glasimporten, nur einer von der Ausfuhr von Glas.

Die rechteckigen Perlen wurden in großen Mengen in Nuzi südöstlich von Ninive im heutigen Irak gefunden. Sie waren im 16. und 15. Jh. v. Chr. im gesamten Vorderen Orient weit verbreitet. Nachweise liegen auch aus Ägypten, der Ägais und dem Kaukasus vor.

ge, jedoch keine Öfen. Im Allgemeinen geht man davon aus, dass hier zwar Glas verarbeitet, nicht aber auch produziert wurde.

Erst ab der Amarnazeit (ca. 1350–1336 v. Chr.) scheint die Produktion von Rohglas nach derzeitigen Erkenntnissen sicher nachweisbar. In Achet-Aton/Tell el Amarna, Echnatons Hauptstadt in Mittelägypten, wurden zahlreiche Produktionsrückstände, Glasabfälle, Glasstäbe und Tiegelfragmente gefunden, die eine Verarbeitung von Glas belegen (s. S. 10 f.). Darüber hinaus macht Fritte als Zwischenprodukt eine Rohglasproduktion mehr als wahrscheinlich. Doch trotz eigener Herstellung wurde auch in der Amarnazeit ein großer Teil des Glases weiterhin von außerhalb bezogen. Dies legen zumindest einige der so genannten Amarna-Briefe (s. S. 16) nahe – in Keilschrift beschriebene Tontafeln mit Korrespondenz aus Echnatons Palastarchiv: Sie berichten noch für die Mitte des 14. Jh. v. Chr. von einem recht umfangreichen Import von Glas aus dem Vorderen Orient; nur in einem Brief ist von einem Export ägyptischen Glases nach Babylon die Rede.

Einige Jahrzehnte jünger sind die Zeugnisse in Pi-Ramesse/Qantir, wo eine Produktion von Rohglas in großem Stil nachgewiesen werden konnte, unter anderem anhand der gefundenen Tiegel (s. S. 17 f.).

In Pi-Ramesse ist von einer Spezialisierung auf rotes Glas auszugehen, da kaum andere Farben entdeckt wurden. Anders als in Amarna, wo offenbar hauptsächlich blaues Glas produziert wurde, scheint es in Pi-Ramesse aber nicht weiterverarbeitet worden zu sein.

Bei Ausgrabungen in Pi-Ramesse/Qantir kamen neben Fritte und Produktionsabfällen auch Schmelztiegel zutage. Die zylindrischen Gefäße waren aus Nilschlamm gefertigt und fassten etwa 1 l. Anders als in Achet-Aton wurde in Pi-Ramesse hauptsächlich rotes Glas produziert.

Obwohl Glas als Werkstoff einen wichtigen Stellenwert im ägyptischen Kunsthandwerk einnahm und das Material von der herrschenden Klasse sehr geschätzt wurde, scheint es – vergleichbar zum Akkadischen – keine spezifische Bezeichnung für »Glas« im Ägyptischen gegeben zu haben. Vielmehr wurden dieselben Worte wie für Lapislazuli und Türkis benutzt. Zum Teil sorgten die Adjektive »gemacht/künstlich/geschmolzen« oder »echt« jeweils für eine Konkretisierung, sodass eine Unterscheidung zwischen Schmucksteinen und künstlichem Produkt möglich war: Die Inschriften im Annalensaal Thutmosis' III. im Ammun-Tempel von Karnak erwähnen z. B. »echten Lapislazuli« zusammen mit »gemachtem Lapislazuli«.

Möglicherweise hat kein eigenes Wort für »Glas« existiert, weil der Werkstoff nach Meinung der Ägypter ein künstlicher Stein war. Und in der Tat imitieren zur Blütezeit zahlreiche Glasobjekte Edel- bzw. Schmucksteine.

Glasgegenstände herzustellen erforderte viel Erfahrung. Amulette, Perlen und Skarabäen wurden in einer offenen Form geschmolzen, ebenso Einlagen, zum Teil in Form von Körperteilen und Köpfen, bei denen Details wie Augen und Augenbrauen eingetieft waren. In diese Aussparungen wurde dann andersfarbiges Glas eingelegt. Mit Glaseinlagen ließen sich Reliefs zusammensetzen, die aus verschiedenen Materialen oder gänzlich aus Glas bestanden. Damit konnten Sarkophage, Pektorale, Schreine, Möbel und auch ganze Wände verziert werden. Auch Statuetten und Uschebtis wurden aus unterschiedlichen Materialen zusammengesetzt, z. B. aus Glas und Holz.

Die vielfache Verwendung und die Beliebtheit von Glas im Alten Ägypten ist besonders eindrucksvoll im Grab des Pharaos Tutanchamun (ca. 1332–1323 v. Chr.) zu beobachten. Einlagen finden sich auf dem Schmuck, in den Särgen und auf den Möbeln. Sogar die berühmte goldene Maske ist mit dunkelblauen und türkisfarbenen Einlagen in Streifenform verziert, die unter anderem die Augenbrauen bildeten. Auch eine der drei Kopfstützen war ungewöhnlicherweise aus Glas gefertigt, aus zwei durch einen Dübel zusammengehaltenen Hälften; die Naht war mit einem Goldband verdeckt. Wie nicht anders zu erwarten, lagen auch Glasgefäße als Beigabe mit im Grab.

Die Herstellungsweise von Hohlgefäßen im 2. Jt. v. Chr. wird in der Forschung kontrovers diskutiert. Einigkeit besteht darüber, dass zur Produktion ein so genannter Kern benötigt wurde, der aus Ton, organischen Materialien und eventuell Sand bestand. Er wurde in der Form des späteren Gefäßinneren gestaltet und war an einem Stab befestigt. Möglicherweise wurde der feuchte Kern in heiße Glasschmelze getaucht. Wahrscheinlicher ist allerdings ein Verfahren, bei dem der Kern in fein zerstoßenem Glaspulver gewälzt wurde, das im Feuer schmolz und eine dünne Wandung bildete. Dieser Vorgang musste so lange wiederholt werden, bis die Wandung eine ausreichend dicke Stärke erreicht hatte.

Zur Dekoration brachte man möglicherweise aus dünnen Glasstäben gezogene Glasfäden in unterschiedlichen Farben auf den heißen Körper auf, die dann durch Metallstäbe oder Kämme zu einem Zickzack- oder Wellenmuster verzogen werden konnten. Anschließend mussten die leicht erhabenen Muster auf einer polierten Steinplatte (Marbel- oder Märbelplatte) in die Gefäßwand gedrückt werden. Naheliegender ist jedoch, dass farbige, erhitzte Glasstäbchen um den Gefäßkörper gewickelt und zu einem Muster verzogen wurden. Beim erneuten Erhitzen des Gefäßes über dem Feuer sanken die Fäden in das Grundglas ein.

In beiden Fällen mussten die Ränder und Füße dann noch aus dem heißen Gefäßkörper modelliert und zu guter Letzt die Henkel angesetzt werden. Sodann erfolgte eine langsame Abkühlung, um Spannungsrisse zu vermeiden. Nach dem Erkalten wurde der Kern schließlich vorsichtig entfernt.

Hohlgefäße herzustellen war demnach ein aufwendiger und langwieriger Prozess. Zudem stellte das Beschaffen der notwendigen Menge an Brennstoff in einem holzarmen Land wie Ägypten kein einfaches Unterfangen dar. So verwundert es kaum, dass Glas als Luxusgut dem Pharao, seiner Familie und seinen höchsten Beamten vorbehalten war. Es hat sogar den Anschein, dass die Herstellung von Glas zunächst als alleiniges Privileg in den Händen des Pharaos lag, der die Kostbarkeiten dann an seine Untertanen und an befreundete Herrscher verschenkte. Viele der Gefäße sind mit Kartuschen von Pharaonen oder – wenn auch seltener – deren Gemahlinnen versehen.

Ob in den Königsgräbern von Theben oder in den Werkstätten von Malqata und Achet-Aton/Tell el Amarna – farbenprächtige Glasobjekte allerhöchster Qualität und Eleganz sind zahlreich. Auch wenn Glas Schmucksteine wie Türkis, Lapislazuli und Karneol imitierte, darf man in dem Werkstoff keinen billigen Ersatz vermuten. Die finanziellen Mittel für das wertvolle Gestein wären in Ägypten durchaus vorhanden gewesen. Vielmehr ist davon auszugehen, dass man lieber auf Glas zurückgriff, da der künstliche Werkstoff in seiner Leuchtkraft noch stärker war als die Schmucksteine selbst.

Neben Flaschen und Bechern dienten viele Gefäße im Alten Ägypten zur Aufbewahrung von Kosmetika, duftenden Ölen, Salben sowie der typischen, schwarzen Augenschminke, dem Kohel oder auch Kokhl genannt. Kohel wurde in Ägypten sowie im gesamten Vorderen Orient sowohl von Frauen als auch von Männern zur Umrahmung der Augen benutzt. Neben dem Schminkeffekt hatte die schwarze Farbe auch medizinischen Nutzen. Sie basierte auf Bleiglanz, was nachweislich bei Bindehautentzündungen hilft. Und Augenentzündungen waren in diesen Brei-

Das Gesicht dieses Köpfchens aus der zweiten Hälfte des 14. Jh. v. Chr. besteht aus Glas, die Doppelperücke aus Holz. Es war Teil einer aus verschiedenen Materialen bestehenden kleinen Figur, eventuell eines so genannten Uschebtis. Diese dienten als Grabbeigabe: Sie sollten für die Verstorbenen im Jenseits Arbeiten verrichten.

Diese Gesichtseinlage aus der Amarnazeit war Teil eines aus verschiedenen Materialen gefertigten Reliefs, wie sie auf Särgen und kostbaren Möbeln angebracht waren. Das Auge und der Brauenbogen sind vertieft und waren mit andersfarbigen Einlagen versehen.

Die rund 11 kg schwere Totenmaske Tutanchamuns (ca. 1332–1323 v. Chr.) zählt zu den berühmtesten Hinterlassenschaften des Alten Ägyptens. Überwiegend war sie aus Gold gefertigt, für die Verzierung griff man auf Stein- und Glaseinlagen zurück.

ten aufgrund von Hitze, Staub und der vielen Fliegen weit verbreitet. Das Kohel wurde mit einem Stäbchen aus dem Glas herausgenommen. Als Verschluss dienten wohl Leinenstücke und eventuell auch Wachs.

Eine der charakteristischen Gefäßformen zur Blütezeit ägyptischer Glasmacherkunst war der Kraterikos – das Diminutiv des griechischen Wortes für »Mischgefäß«, »krater«. Er zeichnet sich durch einen weiten Hals, einen kugeligen Körper und einen hohen Fuß aus. Herausragend sind auch zierliche Gefäße in Form von Granatäpfeln, die in allen antiken Kulturen als Fruchtbarkeitssymbol galten. Daher ist es gut vorstellbar, dass diese kleinen Behältnisse mit duftenden Ingredienzien Frauen zum Geschenk gemacht wurden.

Glas im mykenischen Kulturkreis

Von Ägypten oder Nordmesopotamien aus gelangte das Wissen um die Herstellung von Glasprodukten in den mykenischen Kulturkreis, wo zuvor bereits Objekte aus Fayence und Fritte gefertigt worden waren. Die ältesten bei Ausgrabungen auf dem griechischen Festland und den Inseln in der Ägäis entdeckten Glasprodukte scheinen allesamt Importe aus Ägypten oder dem Vorderen Orient gewesen zu sein, z. B. finden sich immer wieder Nuzi-Perlen. Im 14. Jh. v. Chr. begannen mykenische Handwerker schließlich mit der Verarbeitung von Glas, auch wenn gläserne Produkte weiterhin importiert wurden. Eine eigene Rohglasherstellung wird gelegentlich in Theben konstatiert, die sich allerdings nicht nachweisen lässt. Viel wahrscheinlicher ist, dass es sich um Glas aus Ägypten oder dem Vorderen Orient handelte, das über das Mittelmeer verschifft wurde – dafür sprechen auch die naturwissenschaftlichen Analysen. Bereits in dieser Zeit hatte der Fernhandel große Bedeutung für die Verbreitung sowohl von Glasprodukten als auch von Rohglas, was Schiffswracks wie das vor Uluburun belegen, wo unter anderem rund 175 Glasbarren und mehrere Tausend Glasperlen geborgen werden konnten (s. S. 18 f.). Auch im spätbronzezeitlichen Wrack von Kap Gelidonya, ebenfalls vor der türkischen Küste, fanden sich zahlreiche Perlen aus der Zeit um 1200 v. Chr.

Ohne Zweifel war das Wissen um die Rohglasproduktion ein gut gehütetes Geheimnis in Ägypten und im Vorderen Orient. Allerdings scheinen dort tätige mykenische Handwerker zumindest Kenntnis um die Glasverarbeitung gewonnen zu haben, die so schließlich in den mykenischen Kulturkreis gelangte.

Ab dem späten 12./frühen 11. bis ins 10. Jh. v. Chr. wurde Glas zumindest teilweise aus anderen Quellen bezogen: In Elateia-Alonaki und in Thasos ist gemischt-alkalisches Glas nachgewiesen, wie es ebenfalls in Norditalien und Mitteleuropa vielfach belegt ist. Auch wenn es in der Zusammensetzung nicht ganz dem im vorgeschichtlichen Europa hergestellten und bislang untersuchten LMHK-Glas entspricht, kann dennoch vermutet werden, dass es aus dem Westen importiert wurde – ob als Perlen oder als Rohglas zur Weiterverarbeitung sei dahingestellt. Eine eigene Rohglasherstellung im griechischen Bereich ist auch für diese Zeit bislang nicht nachweisbar.

Auf mit Linear-B-Texten beschriebenen Tontafeln aus dem Kultzentrum von Mykene ist »ku-wanowo-ko« zu lesen, was so viel bedeutet wie »die Arbeiter, die mit ku-wa-no arbeiten«. »Ku-wa-no« wird als Bezeichnung für blaues Glas gedeutet. Im Altgriechischen lebt das Wort in κύανος (blau) weiter – darauf geht heutzutage der Begriff »Cyan« zurück. Demnach werden »ku-wanowo-ko« als »die mit blauem Glas arbeitenden« übersetzt. Allerdings wird in der Forschung diskutiert, ob das Wort nicht nur für blaues Glas, sondern zugleich auch für Lapislazuli verwendet wurde.

Mykenische Handwerker stellten neben herkömmlichen Perlen und Siegelsteinen auch dünne reliefierte Plättchen im Formschmelzverfahren her, die vor allem als Schmuck für die Toten dienten. Die langrechteckigen Plättchen sind mit unterschiedlichen Mustern verziert – darunter Rosetten, Palmetten, Efeublätter, Muscheln, Tintenfische, achtförmige Schilde – und weisen an beiden Schmalseiten einen gewölbten Rand auf, durch den jeweils ein Faden gezogen werden konnte. So ließen sich diese Reliefperlen zu Halsketten und Kopfschmuck auffädeln oder aber an Kleidungsstücken aufnähen. Bemerkenswert ist die fast ausnahmslos vorherrschende blaue Farbe: Offenbar war Blau auch im mykenischen Kulturkreis von besonderer Bedeutung; andersfarbiges Glas wäre durchaus verfügbar gewesen. Die Gründe sind im religiös-kultischen Bereich zu vermuten: Einmal mehr scheint der Farbe Blau apotropäischer Charakter zugeschrieben worden zu sein, und sie schien geeignet, um vor dem »bösen Blick« und ähnlichen Übeln zu schützen. Da zeitgenössische Schriftquellen zu dieser Thematik jedoch fehlen, müssen weitere Aussagen allerdings ausbleiben.

Zur Herstellung der Reliefperlen wurde gesintertes Glaspulver in Formen eingebracht und dann zum Schmelzen in den Ofen gegeben. Bislang können nur im Palastbereich von Tiryns glasverarbeitende Werkstätten nachgewiesen werden. Wenngleich keine Öfen entdeckt wurden, so kam immerhin Produktionsabfall zutage. In den Palastarealen von Mykene und Knossos werden Glaswerkstätten vermutet, ein gesicherter Beleg steht bislang aber aus.

Auch im mykenischen Griechenland war Glas ein Luxusprodukt und nur für die Oberschicht erschwinglich. Glasfunde konzentrieren sich weitestgehend auf die Palastzentren wie z. B. die Schachtgräber von Mykene. Doch auch in Heiligtümern und Schreinen wurden Glasperlen den Göttern als Votivgaben dargebracht. Zu den bemerkenswertesten Erzeugnissen mykenischer Werkstätten zählen Schwerthefte aus blauem Glas aus Gräbern in Mykene; kaum anzunehmen, dass die Waffen zum Kampf benutzt wurden. Vermutlich dienten sie zu Repräsentationszwecken, aber auch eine rituelle Verwendung wäre denkbar.

Neben den eigenen Produkten fanden sich im mykenischen Griechenland stets auch Importe aus dem Vorderen Orient und Ägypten, so etwa mehrfarbige Gefäße. Nach derzeitigem Kenntnisstand schien die Herstellung von Hohlgefäßen mykenischen Handwerkern nicht möglich gewesen zu sein.

Krateriskoi wie dieses 8,4 cm große Exemplar aus der Mitte des 14. Jh. v. Chr. waren ein typisches Produkt der Palastwerkstätten von Malqata. In den kleinen Gefäßen wurden Salben und duftende Öle aufbewahrt.

Eine der Kopfstützen aus dem Grab Tutanchamuns war aus opak türkisblauem Glas in zwei Teilen gefertigt. Die Nahtstelle wurde durch ein goldenes Band verdeckt. Inschriften auf der Vorder- und Rückseite nennen den Namen und die Titel des jung verstorbenen Pharaos.

Glas im bronzezeitlichen Europa

In Europa sind Perlen aus glasähnlichem Material/ Fayence gesichert bereits in der frühesten Bronzezeit bekannt. Die ältesten wurden bislang in Frankreich nachgewiesen und datieren ins 3. Jt. v. Chr. Bei den in der Literatur häufig angeführten kupferzeitlichen Glasperlen aus Südfrankreich bestehen jedoch starke Zweifel, teils an der Datierung, teils an der korrekten Materialansprache – es handelt sich viel eher um fayenceartiges Material.

Perlen aus echtem Glas kommen auf dem gesamten europäischen Festland gesichert erst ab dem 14. Jh. v. Chr. vor. Mehrfach sind sie in Hortfunden und Bestattungen der Hügelgräber- und vor allem der Urnenfelderzeit dokumentiert.

Bis in die ausgehende Bronzezeit findet sich ausschließlich Glas mit einem hohen Magnesiumanteil (HMG), das mittels Soda-Asche hergestellt wurde. Wo die Bezugsquelle lag, wird in der Forschung diskutiert. In der Regel geht man von einem Import aus Ägypten oder Mesopotamien aus, jedoch lassen die Spuren- und Seltenerdelementdaten naturwissenschaftlicher Analysen zumindest in Teilen Mitteleuropas auf ein anderes Ergebnis schließen: Bei Perlen von fast 70 Fundorten in Deutschland, Österreich und der Schweiz hat das verwendete Glas keine exakte Entsprechung in Ägypten und Mesopotamien. Möglich wäre eine Herkunft aus einer anderen Region des Vorderen Orients oder des Mittelmeergebiets, aber auch eine eigene, europäische Produktion wird angedacht. Hier sind weitere Forschungen dringend erforderlich. Aufgrund der im Vergleich zu Ägypten oder dem Vorderen Orient einfacheren Gestaltung und des geringeren Farbenspektrums der Perlen kann man zumindest davon ausgehen, dass Glas in Europa weiterverarbeitet worden ist.

Ab der Spätbronzezeit, d. h. ab dem 12. Jh. v. Chr., findet sich in großen Mengen ein gemischt-alkalisches Glas vom LMHK-Typ (s. S. 9). Das ältere HMG-Glas ist bis zum 9. Jh. v. Chr. eher selten nachweisbar, kommt dann aber noch bis ins 7. Jh. v. Chr. vor. Der neue Glastyp ist bislang in Deutschland, Österreich, der Schweiz und in Norditalien sowie in Böhmen, Frankreich, Irland und England dokumentiert. Von einer Rohglasproduktion in Europa wird ausgegangen, jedoch kann sie archäologisch nicht belegt werden. Bemerkenswerterweise tritt LMHK-Glas ab dem 12. Jh. v. Chr. auf, als in Ägypten und im Vorderen Orient politische und wirtschaftliche Schwierigkeiten die Glasproduktion ins Stocken gerieten ließen und der Import von Glas aus diesen Gebieten schwierig wurde.

Die einzige Glaswerkstatt der Bronzezeit wurde in Frattesina di Polesine in der Poebene entdeckt. Die endbronzezeitliche Siedlung war bis in die frühe Eisenzeit bewohnt und in ein weiträumiges Fernhandelsnetz eingebunden. Bei den archäologischen Untersuchungen wurden Bernstein, Elfenbein sowie spätmykenische Keramik geborgen. Ferner stieß man auf eindeutige Zeugnisse einer Glasverarbeitung vor Ort wie Tiegel mit anhaftenden Glasresten, scheibenförmige Rohglasbarren oder Schmelzrückstände und Glasabfälle.

Die in der Siedlung und den umliegenden Nekropolen gefundenen Perlen aus dem späten 2. Jt. v. Chr. waren meist unverziert, jedoch gab es auch polychrome Nuppenperlen und Perlen mit Ringaugen und Fischgrätenmuster. Einige der Glasperlen bestehen aus Soda-Asche-Glas (HMG), die meisten allerdings aus LMHK-Glas.

Derzeit ist nicht sicher nachzuweisen, dass in Frattesina Glas auch produziert wurde. Auszuschließen ist es allerdings auch nicht. Jenseits der Alpen wird vielfach ebenfalls eine Rohglasherstellung vermutet, bisher auch ohne Beleg. Wo das LHMK-Glas letztlich

Das Granatapfelgefäß aus dem späten 14./frühen 13. Jh. v. Chr. zeigt das Können der Handwerker im Alten Ägypten. Es wurde um einen Kern geformt, die Blätter daraufhin mit einer Schere herausgeschnitten, mit einer Zange umgebogen und zuletzt mit einer gelben Fadenauflage verziert.

gefertigt wurde, bleibt unklar. Aufgrund der Fundkonzentration ist eine europäische Herstellung wahrscheinlich, zumal der Glastyp bislang weder in Ägypten noch im Vorderen Orient nachgewiesen werden konnte.

In Frattesina ließ sich in geringem Umfang noch ein weiterer vorgeschichtlicher Glastyp belegen, der sich durch einen sehr hohen Kaliumgehalt ausweist – das erste Mal in der Glasgeschichte. Er wurde inzwischen auch in Süd- und Norddeutschland vereinzelt bei bronzezeitlichen Perlen dokumentiert. Erst im Mittelalter wird der hohe Kaliumgehalt durch die Umstellung von Trona auf Holzasche üblich.

Niedergang der Glasherstellung im 2. Jahrtausend v. Chr.

Ab dem 12. Jh. v. Chr. ging die Glasherstellung in Ägypten allmählich zurück. Schließlich wurden ab dem späten 11./frühen 10. Jh. v. Chr. offenbar kaum mehr Glasprodukte angefertigt, zumindest sind sie nur noch selten im Fundgut vertreten.

Die mindere Qualität des Glases zu Beginn der Umstellung von Soda-Asche auf Trona und der bereits erwähnte Mangel an Kalk für die Stabilität mögen allerdings dafür gesorgt haben, dass die Zahl der überlieferten Glasprodukte dieser Zeit etwas täuscht, da sich einige wohl im wahrsten Sinne des Wortes in Nichts aufgelöst haben. Erhalten blieben zumindest die bereits angeführten Gefäße aus dem Grab der Neschons (s. S. 8), bei denen es sich jedoch um recht einfache einfarbige Becher handelt. Von der einstigen Kunstfertigkeit der ägyptischen Glasmacher ist hier kaum mehr etwas zu erahnen.

Ganz verschwunden scheint das Wissen um Herstellung und Verarbeitung jedoch nie. Trotzdem stellt sich die Frage, wie es zu einem solchen allgemeinen Niedergang kommen konnte, der zudem im gesamten Vorderen Orient zu verzeichnen ist.

Vermutlich steht der einschneidende Einbruch in Zusammenhang mit einer stark gesunkenen Nachfrage. Glas war Luxusprodukt und Statussymbol zugleich, es diente als Geschenk von Herrschern an ihren Hofstaat und ihre Untertanen, aber auch zwischen Herrschern untereinander, und war somit ein nicht unbedeutender Faktor für die Vertiefung »internationaler Beziehungen«. Im fortgeschrittenen 2. Jt. v. Chr. kam es jedoch in besagten Regionen zu Umbrüchen, die die politischen, wirtschaftlichen und sozialen Verhältnisse der Menschen tiefgreifend veränderten: In Ägypten und im Vorderen Orient stand die Bedrohung durch die Seevölker im frühen 12. Jh. v. Chr. am Beginn politischer Umwälzungen, die schließlich zu einer tiefen Krise führten, verbunden mit einem allmählichen Machtverlust, der teils auch altangestammte Reiche zerfallen ließ. Insofern waren Ägypten, die Levante und der Vordere Orient von politischen Veränderungen betroffen, die die Nachfrage nach Luxusprodukten wie Glas in hohem Maße minderten. Gemäß den bereits damals gültigen Gesetzen der Wirtschaft musste dies zwangsläufig zu einem starken Produktionsrückgang führen.

Im 9. bzw. 8. Jh. v. Chr. lässt sich in der Levante und in Mesopotamien ein Wiedererstarken der Glasproduktion feststellen. Die Dauer der »glaslosen Zeit« in Ägypten ist umstritten, vermutlich ist diese bereits im 6. Jh. v. Chr. beendet und nicht erst im späten 4. Jh. v. Chr., wie gelegentlich behauptet wird.

Der Zusammenbruch des mykenischen Palastsystems fiel ebenfalls in die Zeit um 1200 v. Chr. und brachte große Veränderungen für das griechische Festland und die Ägäischen Inseln mit sich. Die bis dato rege Perlenherstellung, aber auch andere Produktionszweige kamen zum Erliegen. Im späten 12. und frühen 11. Jh. v. Chr. folgte erneut eine kurze Phase des Wohlstands, bevor ab ca. 1050 v. Chr. die »dark ages«, die dunklen Jahrhunderte, begannen, die als Zeit reduzierter materieller Kultur gelten und in der Glasobjekte nur äußerst selten im Fundgut vertreten sind.

Ab dem kurzen Moment des Wohlstands im späten 12. Jh. v. Chr. scheinen die Beziehungen verstärkt nach Westen ausgerichtet worden zu sein, vermutlich als Konsequenz der wirtschaftlichen Probleme in Ägypten und dem Vorderen Orient. Vermehrt sind Handelskontakte nach Italien belegt. In die spätmykenische und protogeometrische Epoche fallen die oben bereits erwähnten Perlen aus LHMK-Glas in Gräbern von Elateia-Alonaki und in Thasos. Das bedeutet, dass in der Zeit, als Glas von den alten Bezugsquellen schwer zu beschaffen war, Perlen im griechischen Kulturkreis noch immer gefragt waren, wenn auch wohl in eher geringem Umfang; diesen Bedarf galt es zu decken.

Zeitgleich wird im spätbronzezeitlichen Europa auf das gemischt-alkalische Glas aus vermeintlicher Eigenproduktion gesetzt. Die Produktion von LMHK-Glas setzte im 12. Jh. v. Chr. ein; vor allem ab der Wende vom 12. zum 11. Jh. v. Chr. scheint es zumindest in großen Teilen Europas das Soda-Asche-Glas (HGM) weitgehend abzulösen. Die Umstellung muss als Reaktion auf die Lieferschwierigkeiten der in dieser Zeit politisch instabilen und wirtschaftlich geschwächten ursprünglichen Bezugsquellen gesehen werden. Eine Produktion von LMHK-Glas in Europa ist wahrscheinlich, auch wenn der archäologische Nachweis bislang fehlt. Ob ein Export von Objekten

oder Rohglas nach Griechenland stattfand oder ob das Know-how durch Handelskontakte verbreitet wurde und das Glas dort selbst produziert wurde, muss offen bleiben. Eine Rohglasproduktion in Griechenland ist für diese Zeit nach aktuellem Forschungsstand nicht belegt. Der späteste Nachweis für LMKH-Glas kommt aus Rathgall, Irland, und stammt aus einem Kontext, der um 750 v. Chr. datiert.

Insgesamt sind aus der frühen Eisenzeit auch in Europa nur wenige Glaserzeugnisse überliefert: In Italien gilt die Zeit vom 9. bis frühen 8. Jh. v. Chr. als äußerst fundarm. Ab dem 8. Jh. wird dann die Perlenherstellung wieder aufgenommen wie auch in Slowenien, von wo aus im 7. bis zum 5./4. Jh. v. Chr. Perlen offenbar in ganz Mitteleuropa verhandelt wurden. Erst in der Späthallstatt-/Frühlatènezeit scheint die Glasverarbeitung jenseits der Alpen in geringem Umfang wieder Fuß zu fassen. Nach zögerlichem Anfang in engem geografischem Rahmen wurde Glas dann ab dem 3. Jh. v. Chr. wieder in größeren Mengen verarbeitet. In Griechenland sind erst im 7. Jh. v. Chr. auf Rhodos Werkstätten belegt.

Die dunkelblauen reliefierten Plättchenperlen sind mit auf der Seite liegenden Efeublättern versehen, die türkisen mit achtblättrigen Rosetten (beide 14. Jh./frühes 12. Jh. v. Chr.). Die dünnen rechteckigen Perlen waren eines der Hauptprodukte der mykenischen Glasmacher. Sie wurden vielfach in Gräbern gefunden. An den Schmalseiten befinden sich Öffnungen zum Auffädeln der Perlen.

Neubeginn im Vorderen Orient und Mittelmeerraum

Glas im 1. Jahrtausend v. Chr.

Im 10. und 9. Jh. v. Chr. war die Glasverarbeitung im Vorderen Orient und in Ägypten nahezu zum Erliegen gekommen. Das Wiedererstarken der Produktion setzte jeweils zu unterschiedlichen Zeitpunkten ein.

Wiedergeburt der Glasherstellung im 1. Jt. v. Chr.

Aus Syrien und Phoenikien sind Glaseinlagen bekannt, von denen einige eventuell bereits ins 9. Jh. v. Chr. zu datieren sind, die Mehrzahl aber im 8. Jh. v. Chr. gefertigt wurde. Aus Assyrien, im nördlichen Mesopotamien, liegen aus Kontexten des 8. Jh. v. Chr. halbkugelige Schalen vor, die zu einem Teil aus farblos durchsichtigem, leicht grünlichem oder aber aus einfarbigem, durchscheinendem Glas, z. B. Türkisblau, bestanden. Wer für die Herstellung verantwortlich ist, liegt im Dunkeln: Neben einer Produktion von einheimischen Handwerkern wird teilweise auch eine Fertigung in Phoenikien konstatiert oder aber durch in Assyrien tätige phoenikische Handwerker.

Auch der Herstellungsprozess dieser Schalen, die in größerer Anzahl im Palast von Nimrud gefunden wurden, ist umstritten. Diskutiert werden das Sintern von Glaspulver über einen Kern, die Verwendung einer zweischaligen Form – in Anlehnung an das Wachsausschmelzverfahren im Bronzeguss – oder das Pressen eines heißen Glaspostens in eine Form.

Die halbkugeligen Schalen wurden weit verhandelt: Exemplare kamen etwa in einem etruskischen Grab in Praeneste (Italien), in einem Kammergrab in Fortetsa nahe Knossos auf Kreta sowie im ägyptischen Abydos zutage.

Ein phoenikischer Ursprung wird im Falle der so genannten Sargon-Vase, einem alabastronartigen, durchsichtig-grünlichen Gefäß, angenommen. Auch sie wurde in Nimrud entdeckt und trägt eine Inschrift des neuassyrischen Königs Sargon II. (722–705 v. Chr.). Dementsprechend kann sie in das ausgehende 8. Jh. v. Chr. datiert werden. Unsicherheit besteht einmal mehr bei der Herstellungsweise: Möglich wäre die Verwendung einer zweischaligen Form oder aber das Schmelzen von kleinen Glasbrocken in einer einteiligen Form und anschließendes Ausbohren des Rohlings zu einem Hohlgefäß.

Auch die Technik, Glas um einen Stab oder einen Kern zu formen, scheint in Mesopotamien überlebt zu haben. Zumindest finden sich dort zahlreiche kerngeformte Gefäße in Kontexten der zweiten Hälfte des 8. Jh. v. Chr. In der Forschung wird gelegentlich eine schriftliche Überlieferung des Herstellungsprozesses und eine darauf basierende Wiederaufnahme im 8. Jh. v. Chr. vermutet. Wie auch immer sich das Verfahren ins 8. Jh. tradierte, es fand recht zügig Verbreitung, und bald scheint sich unter Einfluss mesopotamischer Handwerker auch im Norden des heutigen Irans ein Zentrum etabliert zu haben.

Nach der Zerstörung des Neuassyrischen Reiches im späten 7. Jh. v. Chr. ging die Herstellung von Glasgefäßen in Vorderasien zunächst stark zurück. Unter

Das rund 8,5 cm hohe Glasgefäß in Form eines Alabastrons aus dem Besitz König Sargons II. wurde im Palast von Nimrud im Nordirak gefunden. Es ist bislang einzigartig; ein phoenikischer Ursprung wird angenommen.

den Achaimeniden, den ersten persischen Großkönigen, gelangte die Glasmacherkunst schließlich zu erneuter Blüte. Die Herrscherdynastie vergrößerte ab dem späten 6. Jh. v. Chr. sukzessive ihr Reich: Es erstreckte sich bald über den Iran, Irak, Afghanistan, die Türkei, Zypern, Syrien, den Libanon, Israel und Ägypten. Anfang des 5. Jh. v. Chr. wurden sie zu einer ernsthaften Bedrohung der griechischen Stadtstaaten, die jedoch als Sieger aus den Perserkriegen hervorgingen. Alexander der Große setzte der Achaimeniden-Herrschaft mit der Eroberung Persiens im Jahre 330 v. Chr. schließlich ein Ende.

Neben Kohelröhrengefäßen waren es vor allem filigrane durchsichtige, teils mit Relief und Schliffmuster verzierte Trinkgefäße, die die Kunst der Glasmacher vor Augen führen und die im Mittelmeergebiet zum heiß begehrten Luxusobjekt wurden. Auf Rhodos stellte man gar Imitationen dieser Schalen her.

Auch bei den Achaimeniden waren Glasgefäße höchstes Luxusgut und fester Bestandteil des höfischen Lebens. Davon zeugen nicht nur die Funde in den Schatzhäusern der königlichen Residenz Persepolis, sondern auch eine Passage in der dritten Szene der Komödie »Die Acharner« (Vs. 73) von Aristophanes, die 425 v. Chr. uraufgeführt wurde. Hier berichtet ein griechischer Gesandter von den Vorkommnissen am Hofe des Großkönigs: »Wir mussten uns bewirten lassen und mit Gewalt aus Glas- und Goldpokalen lauter süssen Wein vertilgen helfen.« (Übersetzung nach W. Ribbeck).
Von besonderer Qualität und Eleganz sind die so genannten achaimenidischen Lotuskelchbecher, die charakteristischen Silber- und Bronzegefäßen der Region nachempfunden sind. Die mit einem ägyptischen Lotusmuster verzierten typisch achaimenidischen, halbkugeligen Schalen zeigen eindrücklich das Verschmelzen von ägyptischem Dekor und persischer Form. Vermutlich wurden die Becher zunächst in einer Form gepresst und in einem zweiten Schritt durch Absenken über einen pilzförmigen Gipskern in die charakteristische Form gebracht. Möglich wäre auch die Herstellung in einer zweischaligen Form.

Kerngeformte Gläser 2.0

Vom Vorderen Orient ausgehend gelangte das Wissen um die Glasverarbeitung in den östlichen Mittelmeerraum: Im 7. Jh. v. Chr. sind auf Rhodos Glaswerkstätten belegt, für die mesopotamische Glasmacher verantwortlich zu zeichnen scheinen. Wurden hier zunächst nur Perlen hergestellt, begann man ab der Mitte des 6. Jh. v. Chr. damit, um einen Kern geformte Gefäße anzufertigen. Die Technik wurde schließlich

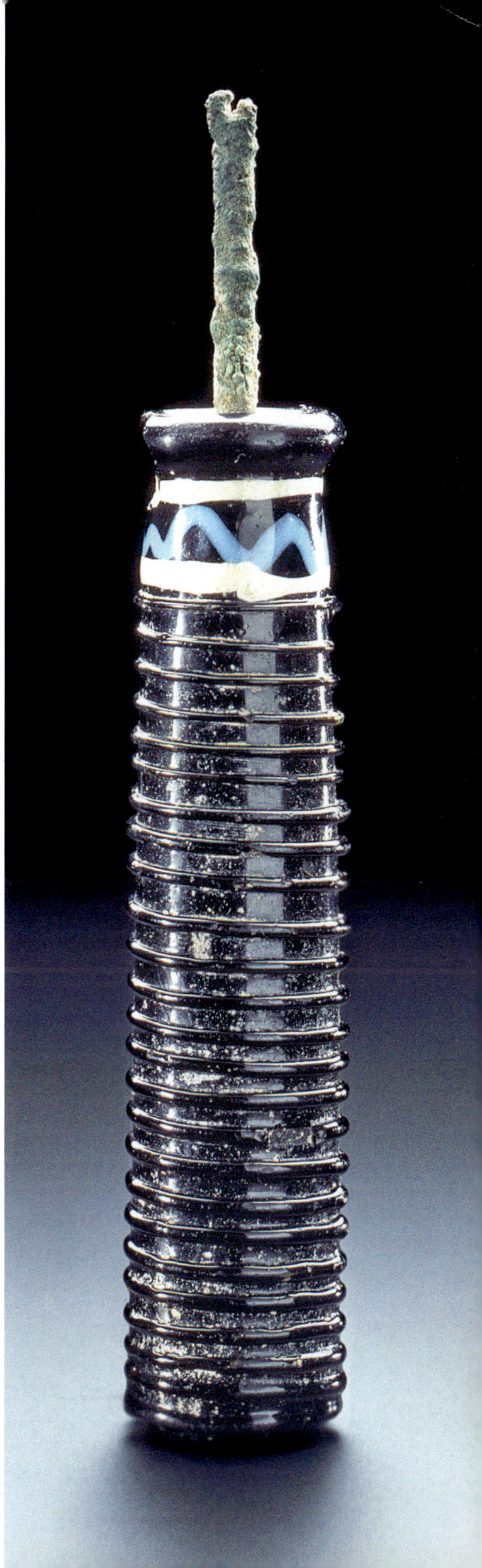

Die Kohelröhre mit Bronzeaplikator aus Persien (5. Jh. v. Chr.) diente zur Aufbewahrung von schwarzer Augenschminke. Kohel oder auch Kokhl wurde in Ägypten und im Vorderen Orient benutzt und hatte neben dem Schminkeffekt auch medizinischen Nutzen; es basierte auf Bleiglanz und war wirksam bei Bindehautentzündung.

auch andernorts wieder aufgenommen und erreichte schnell einen neuen Höhepunkt. Rhodos blieb zunächst aber marktbeherrschendes Zentrum.

Jedoch hat sich das Herstellungsverfahren der Kerngefäße verglichen mit jenem im Alten Ägypten verändert: So wurde der nun zu großen Teilen aus groben Sandkörnern bestehende und an einem Stab befestigte Kern in Form des späteren Gefäßinneren mit einem Glasfaden ummantelt, der von einem heißen Glasposten ausgezogen wurde. Mittels andersfarbiger Glasfäden, die sich mit einem Werkzeug in die gewünschte Form ziehen ließen, wurde das Muster aufgetragen und eingeschmolzen: Es finden sich vor allem Zickzack-, Girlanden- und Federmuster überwiegend in Weiß und Gelb. Die Grundfarbe der Gefäße war meist dunkelblau bis schwarz.

Nach Fertigstellung konnte der Kern problemlos herausgekratzt werden. Aufgrund dessen rauer Oberfläche war die Innenseite der Gefäße nicht glatt und nicht selten haften auch noch kleine Reste des Kerns an. Anders als im Alten Ägypten sind die Gefäße nun nicht mehr überwiegend opak, sondern annähernd durchscheinend, was vermutlich mit einer höheren Schmelztemperatur bei der Produktion zusammenhängt.

Die mediterranen kerngeformten Gefäße werden nach stilistischen und formalen Kriterien in drei Gruppen gegliedert, die in unterschiedlichen Regionen und zeitlich versetzt gefertigt wurden: Nachdem zunächst vom 6. bis zum frühen 4. Jh. v. Chr. hauptsächlich auf Rhodos produziert worden zu sein scheint – von weiteren Werkstätten im östlichen Mittelmeergebiet ist auszugehen –, erfolgte die Fertigung ab der Mitte des 4. bis zum 3. Jh. v. Chr. maßgeblich auf dem griechischen und italischen Festland. Nach einem Aussetzen der Herstellung wurde diese im

Der achaimenidische Lotuskelchbecher (4. Jh. v. Chr.) aus durchsichtigem und entfärbtem Glas zählt zu den Meisterwerken antiker Glasmacherkunst. Die Form ist typisch und findet sich auch in metallenen Ausführungen. Sie ist auch auf den Tributbringer-Reliefs der Residenz Dareios I. in Persepolis (Iran) nachgewiesen.

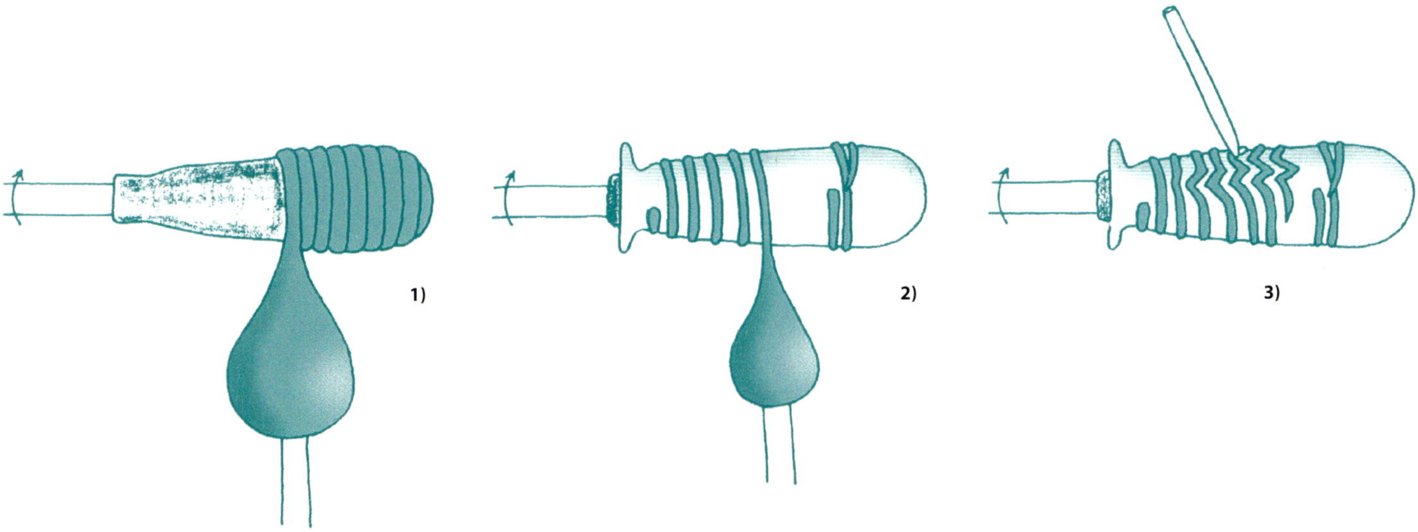

Bei der Herstellung von mediterranen kerngeformten Gläsern musste zunächst der Kern mit einem Glasfaden umwickelt werden, der von einem glühend heißen Glasposten abzogen wurde (1). Dann wurde ein andersfarbiger Glasfaden für das Muster aufgebracht (2) und schließlich das Muster mit einem Gerät ausgezogen (3). Zu guter Letzt musste der Kern ausgestoßen werden.

2. Jh. v. Chr. erneut aufgenommen; nun sind die Werkstätten wieder mehr im Osten zu suchen. Anhand der Fundhäufung kommen Zypern, Delos sowie Syrien-Palästina in Frage.

Alle drei Gruppen weisen ein wenig umfangreiches Spektrum an Gefäßformen auf; zum Teil imitieren sie en miniature griechische Keramikformen. Typisch ist der so genannte Amphoriskos, der den großen tönernen Amphoren, zweihenkligen Vorrats- und auch Transportgefäßen, nachempfunden ist. Gläserne Miniaturoinochen haben ihre Form von den großen Weinkannen, die meist aus Ton, aber auch Metall gearbeitet waren.

Etwas später kommt die so genannte Hydriske auf, die sich von der Hydria ableitet. Hydrien wurden von Frauen zum Holen von Wasser aus dem Brunnenhaus genutzt und zeichnen sich durch ihre drei Henkel aus: Zwei waagerechte zum Hochheben und Halten während des Tragens auf dem Kopf, ein senkrechter Henkel diente zum Ausgießen. All diese Miniaturformen wurden für die Aufbewahrung duftender Öle, Parfums und Salben verwendet.

Häufig ist auch die Form des Alabastron, die von ägyptischen Schminkgefäßen aus Alabaster übernommen wurde. Typisch griechisch hingegen sind die kugeligen Aryballoi, die man mit Öl gefüllt zur Palästra mitnahm, um sich vor der sportlichen Ertüchtigung damit einzureiben. Ebenfalls zu den späteren Gefäßtypen zählen die so genannten Unguentarien, die als Salbgefäße dienten. Diese gingen wie auch die Aryballoi auf tönerne Vorbilder zurück.

Kerngeformte Gefäße sind im östlichen wie im westlichen Mittelmeerraum und auch in größerer Zahl am Schwarzen Meer weit verbreitet. Einige wenige fanden sogar den Weg über die Alpen (s. S. 54 f.).

Waren die Gefäße zunächst als Luxusware nur der Oberschicht zugänglich, so kam es im Laufe der Zeit zu einer Verfeinerung des Herstellungsverfahrens. Dank neuer Werkzeuge und Techniken konnten die Gefäße nun offenbar schneller und damit einhergehend in größerer Zahl produziert werden. Dies schlug sich wohl auch auf den Preis nieder: Nun waren die leuchtend bunten Gefäße nicht mehr nur der Elite vorbehalten, sondern durchaus auch für die mittleren Gesellschaftsschichten erschwinglich. Mit Erfindung der Glasmacherpfeife wurde die Herstellung von kerngeformten Gläsern allmählich aufgegeben. Einige wenige datieren noch in das 1. Jh. n. Chr.; bei Exemplaren aus Fundkontexten des 2. Jh. n. Chr. kann es sich nur um Altstücke handeln.

Blick in ein kerngeformtes Gefäß: Die Innenseite des Aryballos lässt nicht nur deutlich die Abdrücke des größtenteils aus Sand bestehenden Kerns, sondern auch dessen noch anhaftende Reste erkennen.

Die Phoenikier

Über die Glasherstellung der Phoenikier ist recht wenig bekannt. Plinius schrieb ihnen zwar die Entdeckung des Werkstoffes zu, was aber nicht den Tatsachen entsprach (s. S. 7). Als Seemacht waren sie stark am Handel sowohl mit Rohglas als auch Glasprodukten beteiligt. Eine eigene Glasherstellung nachzuweisen, ist hingegen schwierig. Insgesamt bleiben die Vorstellungen einer phoenikischen Glasproduktion sehr diffus. Wie bereits ausgeführt, werden die Phoenikier mit der Wiederaufnahme der Glasherstellung im 9. und 8. Jh. v. Chr. in Verbindung gebracht. Belegt ist die Fertigung von Glaseinlagen für Elfenbeintafeln zu dieser Zeit. In Tyros scheint auch die Produktion von Fayence im 8. Jh. v. Chr. nachgewiesen.

Teilweise wird Schalen und Gefäßen wie der Sargon-Vase oder den halbkugeligen Schalen aus Nimrud ein phoenikischer Ursprung zugeschrieben. Auch für die Verbreitung der Technik, Glas um einen Kern zu formen, werden die Phoenikier immer wieder verantwortlich gemacht, wobei aus Phoenikien selbst kaum derartige Gefäße aus den ersten Jahrhunderten der Produktion nachgewiesen sind. Deshalb ist äußerst umstritten, ob dieses Verfahren den Phoenikiern zunächst überhaupt bekannt war. Den archäologischen Belegen zufolge wurden kerngeformte Gefäße im phoenikisch-punischen Gebiet nicht vor dem 2. Jh. v. Chr. gefertigt.

Jedoch scheinen die überall im Mittelmeergebiet vorkommenden, um einen Stab geformten kopfförmigen Anhänger aus dem 7. bis 4. Jh. v. Chr. ein Produkt phoenikisch-punischer Handwerker zu sein. Zwar ließen sich die Werkstätten bislang nicht lokalisieren, vermutet werden sie aber in Phoenikien selbst sowie auf Zypern, das im Einflussbereich der Seemacht lag. Ab dem 5. Jh. v. Chr. kann auch in Karthago von einer Herstellung ausgegangen werden. Die Gestalt der Anhänger variierte: Es finden sich bärtige männliche und weibliche Köpfe, ebenso fratzenhafte Gesichter von Dämonen sowie Widderköpfe.

Sicherlich hatten die Anhänger Amulettcharakter. Im Falle der Widderköpfe scheint ein Zusammenhang mit dem Kult des ägyptischen Gottes Ammun

Mediterrane kerngeformte Gefäße aus dem 6. bis 2. Jh. v. Chr.: (v. l. n. r.): Amphoriskos, Alabastron, Aryballos, zwei Oinochoen.

So genannte Stachelfläschchen sind typische Erzeugnisse etruskischer Handwerker. Die beliebten Grabbeigaben haben die Form von griechischen Oinochoen (Weinkannen), die wohl mit der Pinzette herausgezogenen Stacheln sind aber eine etruskische Eigenart.

zu bestehen, der ab dem 8. Jh. v. Chr. in Ägypten besonders verehrt wurde. Einige Pharaonen ließen sich sogar mit Halsketten mit Widderkopfanhängern – sicher aus wertvolleren Materialien – darstellen und brachten so ihre Verehrung des Gottes zum Ausdruck. Wahrscheinlich hat diese Beliebtheit phoenikische Handwerker dazu veranlasst, gläserne Widderkopfanhänger anzufertigen. Mag bei den Phoenikiern der religiöse Hintergrund noch präsent gewesen sein, so ist dies bei den im ganzen westlichen und östlichen Mittelmeergebiet verbreiteten Trägern wohl auszuschließen. Bemerkenswerterweise wurden Widderkopfanhänger von slowenischen Handwerkern nachgeahmt, die durch Importe offenbar die phoenikischen Originale kannten. Die slowenischen Imitationen wurden hauptsächlich in Frauengräbern des späten 6. bis 4. Jh. v. Chr. gefunden.

Ägypten

Für Ägypten ist der Wiederbeginn einer eigenen Glasverarbeitung im 6. Jh. v. Chr. anzunehmen, wie zumindest Funde von Glaseinlagen im Tempelbezirk von Ain Manawir in der Oase el-Charga vermuten lassen. Jedoch liegen zwischen dem 6. und 4. Jh. v. Chr. relativ wenige Nachweise vor. Eine umfangreiche Glasproduktion ist nicht vor dem 4. Jh. v. Chr. belegbar, wenn z. B. wieder figürliche und ornamentale Mosaikeinlagen im großen Stil angefertigt wurden (s. S. 46 ff.).

Kopfförmige Anhänger wie der in Gestalt eines Bärtigen aus dem späten 6./frühen 5. Jh. v. Chr. sind typisch für die phoenikisch-punischen Handwerker und finden sich überall im Mittelmeergebiet.

Widderkopfanhänger wie dieses Exemplar aus der Mitte des 7. bis 5. Jh. v. Chr. wurden von phoenikischen Handwerkern hergestellt und verbreiteten sich schnell im gesamten Mittelmeergebiet. Offenbar gelangten einige Exemplare auch nach Slowenien, wo Imitationen gefertigt wurden.

Etruskische Glasverarbeitung

Während in Norditalien wie auch im Alpen-Adria-Raum schon im frühen 8. Jh. v. Chr. mit einer Produktion von Glasperlen zu rechnen ist, setzt diese in Etrurien erst etwas später in der zweiten Hälfte des 8. Jh. v. Chr. ein. Das Rohglas wurde vermutlich aus dem östlichen Mittelmeer importiert; es gibt nur wenige Indizien, die eine eigene Herstellung wahrscheinlich machen. Hier bedarf es einmal mehr weiterer Forschung.

Neben den obligatorischen Perlen finden sich in Etrurien verschiedentlich so genannte Glasbügelfibeln, die allerdings in anderen Regionen Italiens wie etwa in der Emilia in und um Bologna oder auch im Veneto weitaus zahlreicher vorkommen.

Als etruskische Erfindung gelten die so genannten Stachelfläschchen, die ab Mitte des 7. Jh. v. Chr. bis ins 6. Jh. v. Chr. in größerer Zahl dokumentiert sind. Stachelfläschchen waren beliebte Grabbeigaben und sind sowohl in Männer- als auch Frauenbestattungen nachweisbar. Die 6 bis 9 cm hohen Gefäße wurden um einen Kern geformt und dienten wohl zur Aufbewahrung duftender Öle oder Parfums. Meist sind sie in Form einer griechischen Oinochoe mit Kleeblattmündung gestaltet. Die namensgebenden Stacheln auf dem Gefäßkörper wurden vermutlich mit einer Pinzette aus der Wandung herausgezogen. Während diese Verzierungsart als etruskische Erfindung zu bewerten ist, handelt es sich bei der Oinochoe um eine typisch griechische Form, die den Etruskern durch vielfältige Kulturkontakte mit den griechischen Kolonien und durch phoenikische Händler geläufig war. Die Technik, um einen Kern zu formen, war im Vorderen Orient und im östlichen Mittelmeergebiet am gebräuchlichsten. Wie die Kenntnis nach Italien gelangte, wird diskutiert: Möglich ist die Einwanderung von Handwerkern aus besagten Gebieten, oder aber die Technik kam über Handelskontakte nach Italien. Glasverarbeitende etruskische Werkstätten konnten bislang archäologisch nicht belegt werden.

Glaskunst vor Erfindung der Glasmacherpfeife

Hellenistische Gläser ab dem 4. Jh. v. Chr.

Während die früheren Gläser aus dem mediterranen Raum um einen Kern gearbeitet oder langwierig in Formen hergestellt worden waren, kamen in hellenistischer Zeit Techniken und Methoden auf, die eine größere Vielfalt an Gefäßen und neue Dekorationen ermöglichten. Die Experimentierfreudigkeit der Handwerker war immens. Auf diese Weise entwickelte sich zwischen dem 4. und 1. Jh. v. Chr. ein qualitativ hochwertiges Glaskunsthandwerk mit Zentren im syrisch-palästinischen, griechischen und ägyptischen Raum.

Schmelzen scheibenförmiger Glasrohlinge

Wahrscheinlich bereits im frühen 4. Jh. v. Chr. entdeckten hellenistische Glashandwerker die Möglichkeit, einfarbige Rohlinge durch Erhitzen von Glasbrocken zu produzieren. Während man für das Schmelzen und Herstellen von Rohglas Öfen mit großer Hitze benötigt (s. S. 11 f.), reicht eine viel geringere Temperatur aus, um Rohglas weiterzuverarbeiten und über seinen Erweichungspunkt hinaus zu erhitzen. Bei einem solchen Vorgehen verrundet das Glas und sucht seine eigene Stärke, wie schon bei Experimenten im Glasstudio des Toledo Museum of Art in den Vereinigten Staaten erfolgreich nachgewiesen werden konnte.

Hellenistische Glashandwerker legten vermutlich gleichzeitig viele einzelne Brocken in einen Töpferofen und beheizten diesen anschließend. So ließen sich die Stücke zusammen mit dem Ofen langsam und gleichmäßig erhitzen. Bei einer Temperatur von etwa 815 °C verliefen die Glasbrocken breit zu fast runden Fladen mit einer gleichmäßigen Stärke von 0,7 bis 0,8 cm und natürlich verrundetem Rand. Der Durchmesser des scheibenförmigen Rohlings war dabei abhängig von der Größe des verwendeten Brockens. Zudem ergaben moderne Versuche, dass sich beim Schmelzen sogar große Luftblasen auflösen, die der ursprüngliche Glasbrocken möglicherweise enthielt. Durch diese einfache technische Weiterentwicklung ließen sich einfarbige Rohlinge in großer Menge herstellen, die anschließend weiterverarbeitet werden konnten – entweder zu Gefäßen oder zu Einlegearbeiten.

Formgeschmolzene Gefäße

Zu den hellenistischen Techniken gehört das Schmelzen von offenen Gefäßen in – vermutlich wiederverwendbaren – zweiteiligen geschlossenen Formen. Bei größeren Stücken mit Fuß war es in einigen Fällen erforderlich, Körper und Fuß erst getrennt in Formen zu schmelzen und anschließend zusammenzufügen. Viele der erhaltenen Gläser sind farblos, einige Exemplare wurden zusätzlich bemalt oder vergoldet, seltener wurden auch beide Dekorationsarten kombiniert. Funde formgeschmolzener Gefäße wie etwa die Zungenblattschalen stammen überwiegend aus dem griechischen Raum, beispielsweise von der Insel Delos.

Goldgläser – wie kam die Folie zwischen die Schichten?

Bereits aus der zweiten Hälfte des 4. Jh. v. Chr. gibt es in Griechenland Belege von Gläsern mit goldenen Ornamenten. Hierfür wurde eine Schicht Blattgold auf das Gefäß aufgetragen und anschließend die

Die hellenistische Zungenblattschale wurde wahrscheinlich in eine geschlossene Form geschmolzen. Nach dem Erkalten des Glases wurden die Zungenblätter geschnitten, und auf dem Boden wurde ein achtstrahliger Stern in einem Medaillon geschliffen. Schalen dieser Art imitieren Silberschalen, sie stammen überwiegend aus Griechenland.

Der große Teller (rechts) hat auf der Unterseite eine Blütenbemalung, über die ein Band aus Blattgold gelegt wurde. Da eine Schutzschicht fehlt, ist ein Teil der Bemalung und Vergoldung verloren gegangen. Um das zu verhindern, befindet sich bei den späteren Zwischengoldgläsern das Blattgold zwischen zwei Glasschichten.

Die große halbkugelige Schale mit Fuß (links) stammt angeblich aus Canosa. Hergestellt wurde sie aber wohl im östlichen Mittelmeerraum. Dabei mussten der Körper und der Fuß wahrscheinlich erst getrennt voneinander in eine geschlossene Form geschmolzen werden. Anschließend wurden sie miteinander verschmolzen.

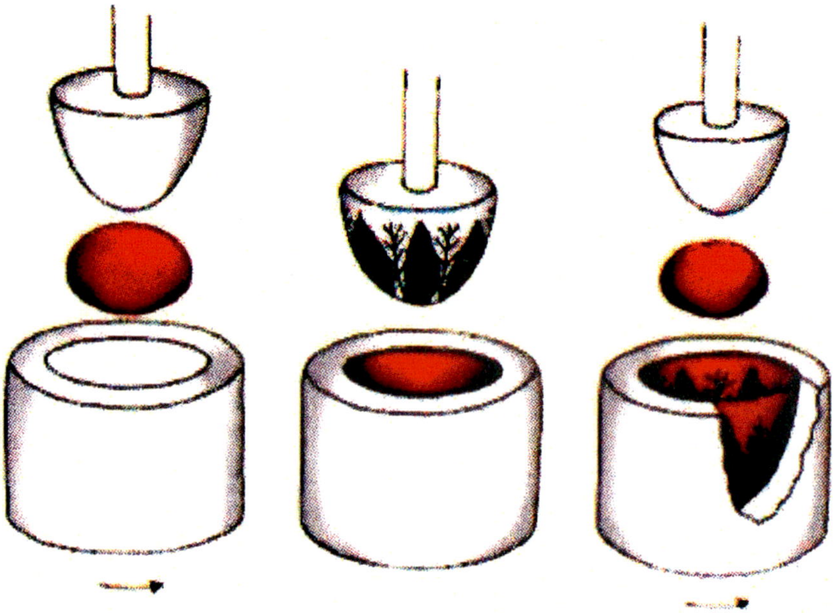

Mögliche Herstellung von Zwischengoldgläsern, bei der ein Stempel mit dem Golddekor in eine heiße Glasschale gepresst und anschließend die zweite Glasschicht eingedrückt wurde.

Dekoration kunstvoll herausgearbeitet. Doch ohne zusätzlichen Schutz und insbesondere bei unvorsichtiger Behandlung löste sich mit der Zeit das Blattgold in Teilen oder sogar komplett wieder vom Glas ab. Eine Weiterentwicklung führte schließlich im späten 3. oder frühen 2. Jh. v. Chr. zur Herstellung der hellenistischen Zwischengoldgläser. Wie der Name schon sagt, bestehen diese nun aus zwei Schichten von – meist farblosem – Glas und einer Zwischenschicht aus Blattgold. In der Forschung werden unterschiedliche Vorgehensweisen diskutiert. Eine Variante wäre, dass man zuerst die beiden Glasschalen getrennt voneinander in eine Form geschmolzen und anschließend das Blattgold auf die Außenseite der inneren Schale aufgetragen hat. Nach dem Ausschneiden des Ornaments mussten die beiden Schalen – wohl in einer Halbform – gemeinsam erhitzt und so miteinander verbunden werden.

Unter Umständen wurden Zwischengoldgläser aber auch direkt in eine Form gepresst. Dafür wurde eventuell zuerst das Golddekor auf einem Gips- oder Holzstempel herausgearbeitet und der Stempel mit Folie anschließend in eine vorgepresste heiße Glasschale gedrückt. Durch die große Hitze des Glases verdampfte die Flüssigkeit im Gips oder Holz, die bearbeitete Goldfolie löste sich vom Stempel ab und haftete stattdessen am Glasinneren der Schale an. Anschließend wurde heißes Glas in die Form gepresst und so die Innenschale gebildet. Bei anderen Gefäßen könnte dagegen erst die bearbeitete Goldfolie in eine Gipsform eingefügt worden sein, bevor eine Glasschale eingepresst wurde. Auf diese Weise würde sich das Goldblattdekor auf der Außenseite befinden. Über diese Schale müsste dann eine zweite Schale entweder gepresst oder abgesenkt werden. Einige aus zwei Schalen bestehende Goldgläser lösten sich bei ihrer Auffindung wieder voneinander ab. Aus diesem Grund wird auch spekuliert, ob manche der Gefäße überhaupt nicht miteinander verschmolzen, sondern nur passgenau ineinander gesetzt waren.

Als Entstehungsort für die Goldgläser gelten der syrisch-palästinische oder der griechische Raum. Stilistische und technische Unterschiede an Funden etwa aus Italien (Canosa), Griechenland, Israel, Vorderasien und der Türkei deuten auf mehrere Werkstätten hin, die auf diese wertvollen Gefäße spezialisiert waren. Auf Rhodos ist für das späte 3. oder frühe 2. Jh. v. Chr. anhand von Werkstattabfällen eine Produktion bereits sicher nachgewiesen.

Absenken in eine Form: Gewandfalten aus Glas

Funde des frühen 4. Jh. v. Chr. aus dem griechischen Olympia belegen die Herstellung von gläsernen Gegenständen durch das Absenken von Rohlingen in gebrannten Tonformen. Bei Ausgrabungen kamen dort sowohl die tönernen Vorlagen als auch die darin entstandenen gläsernen Gewandfalten für zwei große Statuen zutage. Die Model hatten teils eine erstaunliche Größe: Ein Exemplar war 38,5 cm, ein anderes sogar 81 cm lang. Letzteres besaß als Eisenarmierung zusätzlich eine Vierkantstange. Theoretisch hätte man natürlich auch erhitzte Glasmasse in die Tonformen einlaufen lassen können. Bei diesem Vorgehen würde sich das heiße Glas allerdings ausdehnen und wäre

Es ist ein Glücksfall, dass man im griechischen Olympia nicht nur mehrere Model aus Ton, sondern auch die darin hergestellten Gewandfalten aus Glas für große Statuen gefunden hat.

dadurch schließlich dünner geworden. Da die erhaltenen Gewandfalten jedoch eine relativ gleichmäßige Stärke von 0,3 bis 0,6 cm aufweisen, wird vermutet, dass hier Glasrohlinge gemeinsam mit den Modeln erhitzt wurden. Nach Überschreiten ihres Erweichungspunktes verliefen sie in die Breite und senkten sich gleichmäßig in die Form ab. Um die Tonformen verliefen als Begrenzungsschutz breite Ränder, die ein »Auslaufen« des Glases verhinderten.

Abgesenkte hellenistische Schliffrillenschalen wie dieses olivgrüne Exemplar imitierten Trinkschalen aus Silber. Sie waren im ganzen Mittelmeerraum weit verbreitet.

Schliffrillenschalen

Belege für abgesenkte Glasgefäße aus frühhellenistischer Zeit fehlen. Vermutlich wurde das Verfahren zuerst für gläserne Einlagen angewandt und erst später auch für Gefäße übernommen. Der genaue Produktionsbeginn von abgesenkten Schalen ist unbekannt, doch ab Mitte des 2. Jh. v. Chr. sind aus einfarbigen Glasrohlingen abgesenkte Trinkschalen mit Schliffrillen erst im Nahen Osten und schon bald darauf im gesamten Mittelmeerraum weit verbreitet. Ihren Namen verdanken sie den charakteristischen Schliffrillen, die sich, einzeln oder in Gruppen, auf der Innenseite der Gefäße befinden und knapp unter dem Rand beginnen. Seltener kommen Schliffrillen auch auf der Außenseite unten am Boden vor. Konische und halbkugelige Schliffrillenschalen datieren bis in die erste Hälfte des 1. Jh. n. Chr. und sind auch in dieser Zeit vor allem im Osten des Römischen Reiches vertreten. In den nördlichen Provinzen sind sie hingegen eher selten.

Es gibt zwei unterschiedliche Herstellungsmöglichkeiten: Der scheibenförmige Glasrohling konnte entweder über einer konvexen Form oder in eine konkave Form abgesenkt werden. Welche Methode jeweils Verwendung fand, lässt sich bei guter Erhaltung an den Gefäßen selbst nachvollziehen. Lag die vorgeformte heiße Glasscheibe auf einer konvexen Halbform (auch Kernform genannt) auf, dann senkte sich die Masse beim Erhitzen durch ihr Eigengewicht von selbst auf die Form ab. Der Rand wurde dabei automatisch dicker als der Boden, da sich das Glas an der tiefsten Stelle sammelte. Ließen die Glashandwerker den heißen Fladen dagegen in eine konkave Halbform absinken, dann sammelte sich das Glas im Bodenbereich und dieser weist die größte Stärke auf. Der Randbereich fällt dagegen dünner aus. Werkzeugspuren an abgesenkten Schalen beweisen, dass während des Absenkens eine Bearbeitung erfolgte, beispielsweise um das Gefäß zu glätten oder den Rand an die Form anzudrücken. Polier- und Kratzspuren legen zudem nahe, dass beim Absenken auf konvexe Formen die Gefäße noch vor dem Abkühlen wieder von der Form abgehoben wurden. Der Grund dafür liegt in der Beschaffenheit des Glases, das sich bekanntlich beim Erkalten zusammenzieht. Liegt es zu diesem Zeitpunkt noch auf einer Form auf, zerspringt es. Bei konkaven Formen gibt es dieses Problem hingegen nicht. Es kann ganz im Gegenteil sogar von Vorteil sein, das Gefäß erst nach dem Abkühlen zu entnehmen: Die leichte Schrumpfung ermöglicht eine einfachere Trennung von der Außenform. Nach dem Erkalten der Schale erfolgte schließlich noch die Herausarbeitung der Schliffrillen mit Schleifwerkzeug.

Die Herstellung von Mosaikglasschalen war aufwendig und zeitintensiv. Die gewünschten Mosaikformen mussten in mehreren Arbeitsschritten hergestellt werden, bevor sie in Scheibchen geschnitten für den Rohling zusammengeschmolzen werden konnten.

Mosaikglasgefäße – gestreift, geblümt, marmoriert, vielfältig

Abgesenkte Schalen wurden nicht nur aus einfarbigen Rohlingen produziert, sondern auch aus mehrfarbigen gemusterten Scheiben – bekanntestes Beispiel dafür sind die so genannten Mosaikgläser. Für ihre Herstellung mussten vorab in weiteren aufwendigen Arbeitsschritten verschiedenfarbige Stäbe angefertigt, zusammengeschmolzen und in Scheiben bzw. Plättchen geschnitten werden – ein schon seit Jahrhunderten in Ägypten übliches Verfahren für Einlegearbeiten, das ab dem 3./2. Jh. v. Chr. auch für Gefäße Anwendung fand. Je nach Art des gewünschten Mosaikmusters machte dies mehrere Wiederholungen der einzelnen Schritte erforderlich. Die Stäbe konnten beispielsweise auch in andersfarbiges zähflüssiges Glas eingetaucht und dadurch ummantelt werden, oder mehrere farbige Stäbe wurden durch Drehung miteinander tordiert. Für Spiralmuster konnten verschiedenfarbige Scheiben aufeinandergelegt, miteinander verschmolzen und zu Stäben gerollt werden. Je größer die Kunstfertigkeit der Glashandwerker war, desto kompliziertere und qualitativ hochwertigere Dekore entstanden – bis hin zu den floral anmutenden Mustern der so genannten Millefiori-Gefäße und figürlichen Darstellungen wie etwa den Theatermasken. Nach Fertigstellung der Mosaikstäbe schnitt man diese in Scheiben und legte sie nebeneinander kreisförmig in der gewünschten Durchmessergröße des Gefäßes auf eine flache Platte. Durch Erhitzen verschmolz das Ganze zu einem Glasfladen, anschließend erfolgte das Absenken. Sollte der Scheibenrohling in eine konvexe Form abgesenkt werden, diente als Begrenzung des Kreises ein erhitzter Glasstab, der später den Rand bildete. Bei einer konkaven Form wurde der Rand dagegen erst direkt nach dem Absenken angebracht und angedrückt, um mögliche Unregelmäßigkeiten auszugleichen. Oft lässt sich bei Mosaikschalen anhand des Verzerrungsgrades des Musters erkennen, auf welche Art das Gefäß entstand. Der direkt auf der Form aufliegende Bereich erstarrte beim

Das Goldband-Alabastron links gehört zu den besonders kostbaren Mosaikgläsern. Goldbandglas, d. h. Goldfolie zwischen farblosen Glasschichten, wurde mit verschiedenfarbigen Mosaikstäben wohl um einen Stab geformt. Der Hals wurde danach extra aufgesetzt und ist abnehmbar.

Fragmente von verschiedenen Mosaikglasschalen zeigen die Vielfältigkeit der hergestellten bunten Muster und die Beliebtheit kräftiger Farben.

Der in Resten erhaltene Mosaikstab (3,4 cm lang) und die dazugehörende Scheibe mit Lotusblüte (1,7 cm breit und ebenso hoch) wurden in Ägypten produziert. Je komplizierter ein Mosaik werden sollte, desto mehr Arbeitsschritte waren für den Mosaikstab erforderlich.

Abkühlen zuerst und entspricht somit am ehesten dem Originalmuster, während der tiefste Absenkungspunkt als Letztes erkaltete und deshalb am stärksten verzerrt wurde. Hin und wieder wird als Herstellungstechnik von Mosaikschalen noch das direkte Zusammenschmelzen der Einzelteile in einer Pressform postuliert, doch überwiegend hat sich in der Glasforschung die Bearbeitung durch Absenken durchgesetzt.

Im ausgehenden 1. Jh. v. Chr. und vor allem in der ersten Hälfte des 1. Jh. n. Chr. erfreuten sich Glasgefäße aus bunten und kräftigen Farben großer Beliebtheit. Die Farbigkeit des Glases findet auch in römischen Quellen Erwähnung. Plinius der Ältere schreibt (Naturgeschichte XXXVI, 198): »Man stellt sowohl weißes Glas her als auch solches, das die murrhinischen Gefäße oder Hyazinth und Lapislazuli nachahmt, und Gläser in allen anderen Farben; es ist jetzt kein anderes Material leichter zu bearbeiten oder auch geeigneter für eine Bemalung. Das größte Ansehen genießt das weiße, durchsichtige Glas, weil es die größte Ähnlichkeit mit dem Bergkristall hat …« (Übersetzung nach R. König). Gestreift, geblümt, marmoriert – die abwechslungsreichen und bunten Muster der Mosaikglasschalen entsprachen dem Geschmack der damaligen Zeit.

Die 5 cm hohe und 4,3 cm breite Mosaikglaseinlage hat ein florales Motiv, das aus Ähren und verschiedenen Blumen besteht. Einlagen dieser Art wurden im späten 1. Jh. v. Chr. und im 1. Jh. n. Chr. in Ägypten hergestellt.

Mosaikglaseinlagen

Die vielfältigen Muster der Mosaikstäbe wurden in römischer Zeit nicht ausschließlich zur Herstellung von Gefäßen verwendet, sondern kamen auch weiterhin in geometrische Formen geschnitten und kunstvoll zusammengesetzt beispielsweise als Wanddekoration oder Bestandteil von opus-sectile-Böden zum Einsatz. Dafür wurden kräftige Farbkombinationen bevorzugt oder Buntmarmorarten imitiert.
Bereits ab dem späten 4. Jh. v. Chr. – also lange bevor Mosaikglasgefäße gefertigt wurden – gab es in ägyptischen Werkstätten eine florierende Produktion von Mosaik- und Kompositstäben für wertvolle Einlegearbeiten, die Möbel, Kästen, Schreine oder Räume schmückten. Darstellungen bestanden mitunter aus mehreren Einzelteilen, die abschließend als Relief zusammengesetzt wurden. So konnten auf einer kleinen Einlage eine Blume, ein Tier, ein Gesicht, Hieroglyphen oder sogar eine ganze Nillandschaft entstehen.

Neben geometrischen und floralen Motiven gab es auch Mosaikglaseinlagen mit figürlichen Motiven, wie z. B. diese Dionysos-Maske. Sie ist nur 2,6 cm hoch erhalten und 1,67 cm breit.

Reticella-Schalen

Die spiralförmig aufgebauten Reticella-Schalen erhielten ihr Muster direkt auf einer konvexen Halbform. Namensgebend ist die italienische Formulie-

Auch eine ganze Nillandschaft konnte auf einer kleinen Mosaikglaseinlage wie diesem 2,6 cm hohen und 4 cm breiten Stück entstehen. Über der Darstellung des Nils befinden sich hier drei Lotusknospen sowie eine Lotusblüte und eine Papyruspflanze.

rung »a reticello«, also »mit kleinem Netzmuster«. Auf Englisch werden die Gefäße entsprechend als »network vessels« oder »lacework vessels« bezeichnet. Zur Herstellung des Netzmusters wurden farblose Glasfäden ein- oder zweifach mit opakweißen oder opakgelben Glasfäden in Spiralform umwickelt. Die Gefäße selbst wurden sozusagen auf der Töpferscheibe gesponnen: Auf einer sich langsam drehenden Töpferscheibe befand sich eine konvexe Halbform. Während der Drehungen legten die Glashandwerker die einzelnen Reticella-Fäden direkt aus dem Glasposten spiralförmig auf und drückten sie mit einem Werkzeug an, sodass sie miteinander verschmolzen. Möglicherweise leitete sich das Verfahren von der Herstellungstechnik der aufgespulten mediterranen kerngeformten Gefäße ab (s. S. 38 f.). Reticella-Schalen gehören zu den frühesten auf einer Drehscheibe gefertigten Glasgefäßen. Als Entstehungsort wird der östliche Mittelmeerraum angenommen, vielleicht lag er sogar in der Küstenstadt Sidon im heutigen Libanon. In seiner Naturgeschichte (XXXVI, 193) beschreibt Plinius der Ältere im 1. Jh. n. Chr. die Bearbeitung von Glas auf der Töpferscheibe (torno terere) als eine sidonische Spezialität und dass die Stadt »einst« durch diese Werkstätten Berühmtheit erlangt hätte. In hellenistischer und römischer Zeit wurden noch andere Glasgefäße wie etwa die sehr beliebten Rippenschalen auf der Töpferscheibe gefertigt, auf die Plinius also durchaus auch hätte Bezug nehmen können. Doch die in hellenistischer Zeit eher selten verwendeten opakweißen Glasfäden der Reticella-Schalen verweisen ebenfalls auf Sidon, wo sie nachweislich produziert wurden. Die spiralig aufgebauten Gefäße wurden wahrscheinlich ab dem späten 3. oder frühen 2. Jh. v. Chr. hergestellt und kommen noch bis in das 1. Jh. n. Chr. vor. Ihre Fundorte liegen schwerpunkt-

Die spiralförmig aufgebaute Reticellaschale aus farblosem Glas mit gelben und violetten Fäden wurde vermutlich im östlichen Mittelmeerraum auf einer Drehscheibe hergestellt.

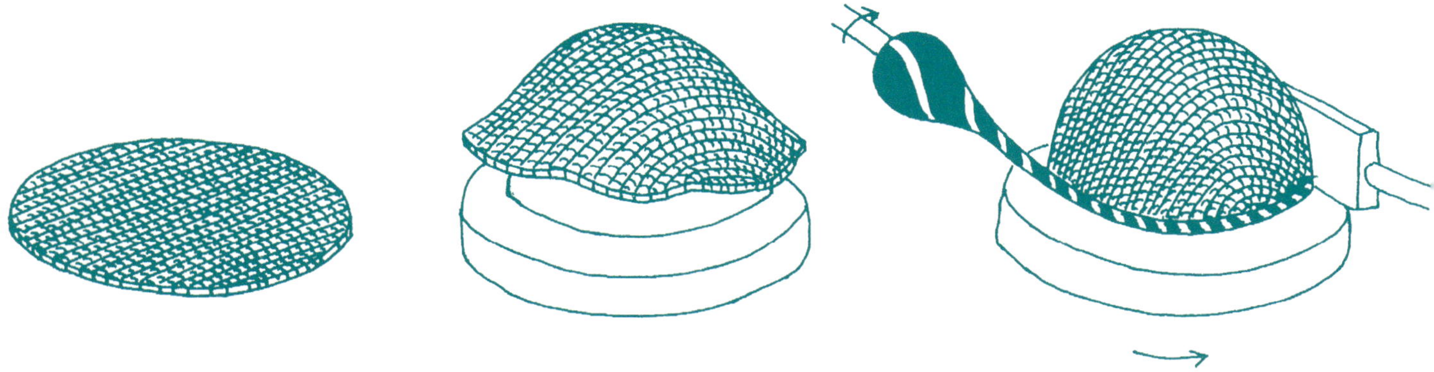

Streifen-Reticella-Schalen wurden im Gegensatz zu den spiralförmig aufgebauten Reticellaschalen nicht auf der Drehscheibe gesponnen, sondern der vorgefertigte Rohling wurde über einer Form abgesenkt.

mäßig zwar im östlichen Mittelmeerraum, etwa in der Türkei, in Syrien und im Irak, aber von keinem anderen Ort haben sich bisher so viele Reticella-Schalen erhalten wie aus dem italienischen Canosa.

Des Weiteren gibt es Streifen-Reticella-Schalen, deren Produktion allem Anschein nach erst etwas später einsetzte und nicht auf der Drehscheibe erfolgte, sondern durch Absenken. Wie bei den Mosaikgläsern legte man vorgefertigte Reticella-Stäbe nebeneinander – in diesem Fall parallel – und verschmolz sie zu einem Scheibenrohling, der dann wiederum in oder über eine Form abgesenkt wurde.

Rippenschalen – beliebt und weit verbreitet

Im Osten wie im Westen des Römischen Reiches gleichermaßen beliebt waren Rippenschalen, die gleichzeitig als niedrige oder tiefe Varianten produziert wurden. Auch sie wurden auf einer Töpferscheibe hergestellt. Ein vorgefertigter heißer Glasfladen wurde dabei über einer Form abgesenkt, die umgekehrt auf einer sich langsam drehenden Scheibe befestigt war. Bei der ersten Scheibendrehung wurde der Rand angepresst, bei einem weiteren Umlauf erfolgte mit einem kantigen oder keilförmigen Stab das Eindrü-

cken der Rippenzwischenräume. Etwa ab Mitte des 1. Jh. n. Chr. war auch eine umgekehrte Reihenfolge möglich, und der Rand konnte nach den Rippen angepresst werden. Mitunter wurde der Rand abschließend noch nachgeschliffen bzw. poliert.

Gefäße aus dem östlichen Mittelmeerraum werden als hellenistische Rippenschalen angesprochen, ihre Pendants im Westen als römische. Beide Arten folgten wohl dem gleichen Herstellungsprozess auf der Drehscheibe, doch da die römischen Schalen erst etwas später einsetzten, erscheinen sie oft »perfekter« als die frühen hellenistischen Gefäße, und ihre Rippen verlaufen gleichmäßiger.

Die hellenistischen Rippenschalen kamen wahrscheinlich im frühen 1. Jh. v. Chr. im syrisch-palästinischen Raum auf. Da abgesenkte Schliffrillenschalen anscheinend um die Mitte des 1. Jh. v. Chr. nicht mehr hergestellt wurden, ist es gut vorstellbar, dass sie in der ersten Hälfte des letzten vorchristlichen Jahrhunderts auf dem Markt zunehmend von den Rippenschalen verdrängt und schließlich komplett von ihnen abgelöst wurden. Als ein mögliches Produktionszentrum der Rippenschalen wird erneut Sidon im Libanon angenommen, das laut Plinius wie bereits erwähnt auf die Glasbearbeitung an der Töpferscheibe spezialisiert war.

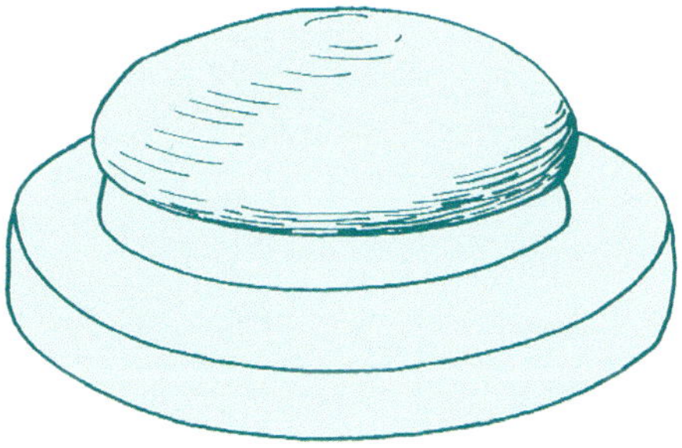

Die Rippenschale ahmt mit ihren kurzen Rippen und der eingezogenen Schulter wohl Metallgefäße nach. Während ähnliche Gefäße in mehrteilige Formen geblasen wurden, ist das Exemplar links allerdings über einer Form abgesenkt worden.

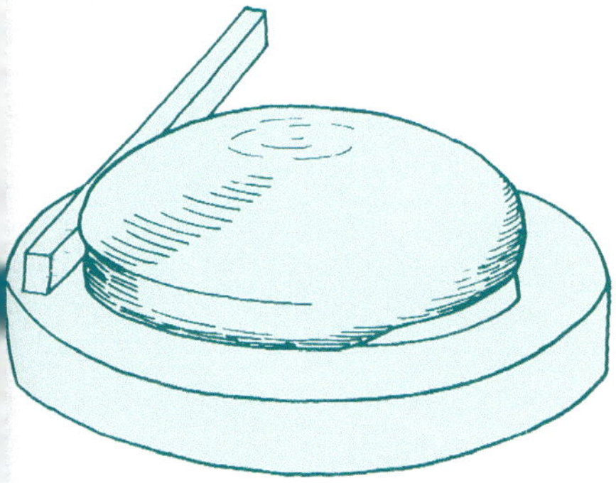

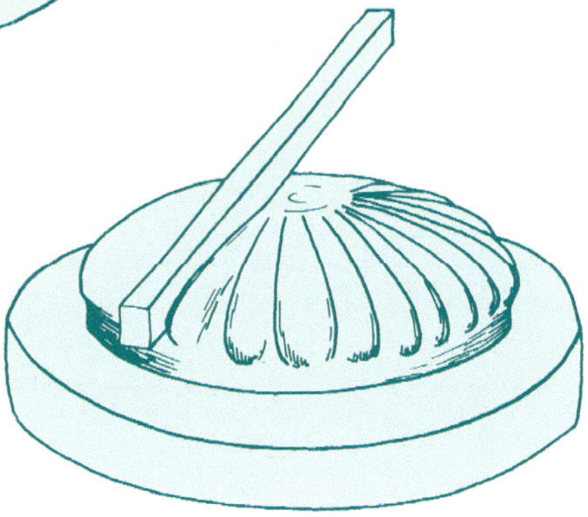

Bei der Herstellung einer Rippenschale auf der Drehscheibe wurde erst ein Glasrohling über einer Halbform abgesenkt, bevor die Rippen bzw. die Rippenzwischenräume eingedrückt wurden.

Auch im Westen des Römischen Reiches wurden in der Folgezeit Rippenschalen produziert, allerdings unterscheiden sie sich teilweise leicht von den hellenistischen Stücken. Während der Großteil der Rippenschalen aus dem östlichen Mittelmeerraum einfarbig ist, kommen in Italien während der frühen Kaiserzeit öfters auch Gefäße aus Mosaikglas vor. Verwendet wurden dafür vor allem Muster, die farbige Steine wie Achat oder Serpentin imitierten.

Innerhalb kurzer Zeit verbreiteten sich die Rippenschalen im gesamten Römischen Reich. Belege gibt es von den meisten Fundorten des 1. Jh. v. und des frühen 1. Jh. n. Chr. Dank ihrer charakteristischen Rippen reichen glücklicherweise ja bereits kleine Fragmente zur sicheren Identifizierung. Die Beliebtheit des Musters zeigt sich auch daran, dass neben den auf der Drehscheibe gearbeiteten Gefäßen auch anders hergestellte Schalen mit Rippen versehen wurden: Rippenschalen wurden später entweder in eine Form oder frei geblasen; im zweiten Fall hat man zarte Rippen aus der Wandung herausgekniffen.

Während Rippenschalen im Osten nur bis ins späte 1. Jh. n. Chr. vorkommen, halten sie sich im Westen bis ins frühe 2. Jh. und sind vereinzelt sogar noch in Fundkontexten des 3. Jh. n. Chr. nachweisbar – wobei es sich hier allerdings höchstwahrscheinlich um Altstücke handelt. Sie verdeutlichen beispielhaft, wie sich Mode und Vorliebe für bestimmte Gefäßformen in den westlichen und östlichen Provinzen unterschiedlich entwickeln konnten.

Die Funktion der Rippenschalen war wie bei anderen Gefäßformen auch von der Größe abhängig: Kleine Gefäße dienten beispielsweise als Soßenschälchen, große Schalen bzw. tiefe Schüsseln als Obstschalen. Die Verwendung großer Glasschalen für Obst ist gesichert: Auf einer Wandmalerei in der Villa von Oplontis aus dem 1. Jh. v. Chr. ist eine große Glasschale mit Fuß und zwei Henkeln abgebildet, in der sich Granatäpfel befinden (Abb. s. S. 20).

Töpferscheiben

Archäologische Nachweise von Töpferscheiben für die Glasbearbeitung sind bisher selten. Aus einer hellenistischen Glaswerkstatt auf Rhodos stammen allerdings Überreste von insgesamt fünf tönernen Drehscheiben. Eines der Stücke konnte vollständig wiederhergestellt werden. Auf der Oberfläche befindet sich eine flache zentrierte Vertiefung mit einem Durchmesser von etwa 16 cm zum Einsetzen einer konvexen Halbform.

Kretische Pyxiden

Bei einigen hellenistischen Glasgefäßen ist nicht eindeutig feststellbar, ob sie in eine Form geschmolzen oder möglicherweise auf einer Drehscheibe gefertigt wurden – dazu gehört eine kleine Gruppe von Pyxiden aus Kreta. Eine Pyxis ist ein zylindrisches, spulenförmig aussehendes Behältnis mit Deckel, bei dem Boden und Deckel mit einem breiten Kragenrand versehen sind. Einige Gefäße haben eine eher unregelmäßig dicke Wandung, was sich durch die Gestaltung auf einer Töpferscheibe gut erklären ließe.

Die von Kreta stammende Pyxis wurde möglicherweise auf der Töpferscheibe hergestellt und nicht in eine Form abgesenkt, während ihr Deckel wahrscheinlich abgesenkt wurde.

Glas in unseren Breiten

Vorrömische Eisenzeit in Europa

Der Zweck der in Bronzerähmchen befestigten hallstattzeitlichen Perlen aus einem Grab im Rauhen Lehen bei Ertingen (Baden-Württemberg) bleibt unbekannt. Eine Herstellung der Perlen in Slowenien scheint aufgrund der Machart wahrscheinlich.

Seit dem Übergang von der Bronze- zur Eisenzeit um etwa 800 v. Chr. (in der Stufe Hallstatt C der älteren Hallstattkultur) finden sich in Europa Perlen aus Glas mit niedrigem Magnesiumgehalt. Dieser so genannte LMG-Typ basiert auf der Herstellung mit mineralischer Soda als Flussmittel und stammt aus der Levante oder Ägypten. Er verdrängt schließlich das mit Soda-Asche gefertigte magnesiumreiche Glas (HMG), das allerdings noch in relativ geringem Umfang im 7. Jh. v. Chr. dokumentiert ist, sowie auch das LMHK-Glas, dessen spätester Nachweis um 750 v. Chr. aus Irland vorliegt.

Perlen, Perlen, Perlen

Vor allem in Norditalien, an der oberen Adria und im Alpen-Adria-Raum des heutigen Slowenien sind Perlen ab dem 8. Jh. v. Chr. in größerer Zahl gefertigt worden. Ab dem späten 8., vor allem aber im 7. und 6. Jh. v. Chr. ist in diesen Regionen auch die Herstellung von Glasbügelfibeln belegt. Dabei handelt es sich um Fibeln aus Bronzedraht, deren Bügel mit einer leicht gekrümmten, länglichen, mehrfarbigen Perle verziert ist. Glaswerkstätten konnten bislang aber in keinem der genannten Gebiete nachgewiesen werden. Das importierte Rohglas musste, teils unter Zugabe von färbenden Komponenten, geschmolzen und weiterverarbeitet werden, was sich archäologisch nur schwer belegen lässt. Die zur Perlenherstellung notwendigen einfachen Werkzeuge wie spitze Eisenstäbe oder spatelartige Geräte sind im Fundgut kaum als solche zu identifizieren. Zudem genügt schon ein kleinerer Ofen oder ein offenes Feuer mit forcierter Luftzufuhr (etwa durch einen Blasebalg), da weit niedrigere Temperaturen ausreichten als bei der Herstellung von Rohglas. Trotzdem lassen Fundkonzentrationen von Perlen immer wieder Herstellungsorte erahnen, z. B. in Magdalenska Gora und Stična in Slowenien.

Eine lokale Fertigung wird auch für die »Haguenauer Perlen« vermutet. In der Gegend von Haguenau im nördlichen Elsass wurden zahlreiche dieser dunkelbraunen bis schwarzen Perlen entdeckt, sodass die Fundkonzentration eine Herstellung dort wahrscheinlich macht. Die Perlen sind nur schwer von Gagat, einer gut schnitzbaren fossilen Holzkohle, zu unterscheiden. Sie finden sich ab der späten Hallstattzeit (spätes 6./frühes 5. Jh. v. Chr.) in Frauengräbern und wurden als Ketten am Handgelenk oder um den Hals getragen.

Offenbar waren Glasperlen, wie später in der Latènezeit auch Armringe, während der gesamten Eisenzeit Frauen und Kindern vorbehalten. Dass Perlenschmuck allgemein aber auch von Männern getragen wurde, belegen Exemplare aus Bernstein in Männergräbern.

Einzigartig sind hallstattzeitliche Glasperlen aus dem 7. Jh. v. Chr., die in Bronzerähmchen befestigt waren und bei einer Nachbestattung im Rauhen Lehen bei Ertingen (Baden-Württemberg) entdeckt wurden. Auch in ihrem Falle wird eine Fertigung in Slowenien vermutet, da von dort zahlreiche Perlen mit eingelegtem Wellenmuster bekannt sind. Naturwissenschaftliche Analysen stehen allerdings noch aus. Die Perlen waren in sechs dreizeiligen Bronzerähmchen befestigt. Jedes Rähmchen hatte eine in der Mitte angebrachte Öse, an der es aufgehängt werden konnte. Ob die Rähmchen als Schmuck getragen wurden oder anderweitig Verwendung fanden, muss

Hallstatt-Tassen wie dieses Exemplar aus dem 5. Jh. v. Chr. sind zum Teil mit Rippen versehen. Sie wurden in größerer Anzahl im ost- und südostalpinen Raum gefunden. Ihr Herstellungsort ist nicht bekannt.

offen bleiben. Ab der spätesten Hallstattzeit, ab dem 5. Jh. v. Chr., kommen Schichtaugenperlen in Mode, die oft in Kombination mit Bernsteinperlen verwendet werden. Sie sind auf dem ganzen Kontinent verbreitet und auch in der Frühlatènezeit noch sehr häufig.

Ausnahmsweise Tassen

Neben Perlen wurden auch die 5 bis 7 cm hohen »Hallstatt-Tassen« in Europa gefertigt. Es handelt sich um gerippte oder glatte, teils mit Fadenauflage verzierte, tassenförmige Gefäße. Zur Herstellung wurde die Glasmasse vermutlich in eine Form gepresst und die Rippen nachträglich eingestrichen. Sie datieren in die späte Hallstattzeit und sind aus dem ost- und südostalpinen Raum in größerer Anzahl bekannt, so etwa aus Hallstatt im Salzkammergut und St. Lucia di Tolomino in Istrien. Der genaue Herstellungsort ist jedoch unbekannt. Möglicherweise wurden sie an der nordadriatischen Küste, eventuell in der Gegend von Aquileia, gefertigt oder aber im südostalpinen Raum.

Luxus aus der Ferne

Auch wenn seit dem 8. Jh. v. Chr. Perlen in Europa selbst produziert wurden, so liegt weiterhin eine beträchtliche Menge von Perlen aus dem Mittelmeerraum vor. Und obwohl mit Ausnahme der Hallstatt-Tassen keine Glasgefäße nördlich der Alpen gefertigt wurden, war der Import aus dem Mittelmeergebiet nach Mittel- und Südosteuropa weit weniger rege und ist vor allem im 5. und 4. Jh. v. Chr. sowie im 2. und 1. Jh. v. Chr. zu verorten. Perlen wie Gefäße wurden wohl über phoenikische Händler sowie die griechischen Kolonien in Italien und in Südfrankreich nach Norden weiterverhandelt; möglich ist der Weg über die Rhône oder aber über die Alpen. Allerdings kann auch ein Transport über die Donau nicht ganz ausgeschlossen werden.

Kerngeformte Gefäße außerhalb des Mittelmeergebiets sind eher selten, meist handelt es sich auch nur um Fragmente. So ist etwa ein Bruchstück in der frühlatènezeitlichen Siedlung auf der Ehrenbürg beim oberfränkischen Forchheim entdeckt worden, ein weiteres auf dem Ipf bei Bopfingen (Baden-

Die Glasschale aus einem Grab bei Ihringen (Baden-Württemberg) wurde vermutlich im persisch-achaimenidischen Raum hergestellt, aber auch eine rhodische Herkunft wird in der Forschung diskutiert. Ungeachtet dessen handelt es sich um die älteste bekannte Glasschale in unseren Breiten.

Württemberg). Letzteres wurde lange als Teil einer Hallstatt-Tasse angesprochen, es handelt sich jedoch um ein kerngeformtes Gefäß mediterraner Produktion.

Mehrere Amphoriskoi und Aryballoi stammen aus Bragny-sur-Saône, einem bedeutenden vorgeschichtlichen Handelsplatz am Zusammenfluss von Saône und Doubs. Ein fast kompletter Amphoriskos wurde in Stična (Slowenien) gefunden, und auch aus dem böhmischen Stradonice (Tschechische Republik) liegt ein Nachweis vor. Als nördlichster Beleg eines mediterranen kerngeformten Gefäßes gilt das Fragment eines Alabastrons des 4. oder 3. Jh. v. Chr. aus Preist im Eifelkreis Bitburg-Prüm (Rheinland-Pfalz).

Das bedeutendste Exemplar von importiertem vorhellenistischem Glas nach Mitteleuropa stellt die Glasschale aus einer Bestattung bei Ihringen (Baden-Württemberg) dar. Das Grab stand in Verbindung mit dem so genannten Fürstensitz auf dem Breisacher Münsterberg. Ein knapp 30 Jahre alter Mann wurde hier in einer hölzernen Grabkammer beigesetzt. Nach Ausweis der Beigaben – etwa Fibeln, Schmuck, Waffen, Bronzegeschirr, darunter eine etruskische Schnabelkanne sowie ein großer Kessel und zwei Bronzebecken – datiert die Bestattung in die frühe erste Hälfte des 5. Jh. v. Chr.

Halb unter dem Bronzegeschirr gelegen, kam eine flache, im Durchmesser rund 15 cm große Schale aus durchsichtigem, leicht grünlichem Glas zutage. Mit hoher Wahrscheinlichkeit wurde sie im persisch-achämenidischen Raum hergestellt, gelegentlich wird auch eine rhodische Herkunft vermutet. Die Schale gelangte über Südfrankreich oder aber Italien in das Gebiet jenseits der Alpen. Auf letztere Route könnte die etruskische Schnabelkanne hindeuten, die sich unter den Beigaben fand. Glasgefäße waren zu dieser Zeit selbst im achämenidischen Persien ein Luxusgut; kaum vorstellbar, was ihr Besitz in den Regionen nördlich der Alpen bedeutet haben mag.

Nachdem im 3. Jh. v. Chr. kaum Glas importiert worden war, erreichten ab dem frühen 2. bis ins 1. Jh. v. Chr. verschiedentlich hellenistische Glaserzeugnisse die Gebiete nördlich der Alpen. Neben einfarbigen Gefäßen finden sich auch Mosaikgläser und Reticella-Schalen. Ob die Importe im syrisch-palästinischen Raum, auf Delos, Rhodos oder aber in Canosa

Noch heute fasziniert die erstaunliche Farbigkeit der keltischen Armringe. Ihre nahtlose Herstellungsweise belegt zudem die kunsthandwerklichen Fähigkeiten der keltischen Glasmacher.

gefertigt wurden, muss in den meisten Fällen offen bleiben. Beispiele liegen etwa aus La Mailleraye-sur-Seine (Frankreich), aus Stradonice und Staré Hradisko (Tschechische Republik), Kojetin (Slowenien) und Basel (Schweiz) vor. Auch im keltischen Oppidum von Manching (Bayern) sind zahlreiche Gefäßfragmente entdeckt worden.

Bemerkenswert ist die Häufung dieser hellenistischen Importe im südlichen Bayern und in der Tschechischen Republik. Offenbar gab es hier neben einer großen Nachfrage auch die nötigen Mittel, um die sicher hochpreisige Ware zu erwerben. Eventuell können auch gemeinsame Handelsbeziehungen konstatiert werden.

Glasverarbeitung der Kelten

Neben den importierten Gefäßen sind in mittellatènezeitlichen Fundkomplexen ab dem 3. Jh. v. Chr. zahlreiche Armringe enthalten, die wie auch Perlen aus einheimischen Werkstätten stammen. Die Armringproduktion beginnt ab etwa 260 v. Chr.
Gläserne Armringe finden sich in Europa von Irland und Großbritannien bis in die Slowakei, nach Polen und Ungarn, wobei in diesen Randzonen der keltischen Kultur nur eine recht geringe Anzahl nachgewiesen ist. Häufig kommen sie hingegen in Frankreich, der Schweiz, in Deutschland, Österreich und der Tschechischen Republik vor.

Die Fertigung der nahtlosen keltischen Armringe erfordert ein bemerkenswert hohes kunsthandwerkliches Geschick, das anhand ethnografischer Parallelen und experimentell nachzuvollziehen versucht wurde: Für die nahtlosen Ringe muss die glühende Glasmasse vermutlich durchlocht und durch ständiges Drehen sowie mithilfe zweier langer Eisenstäbe erweitert und in Ringform gebracht worden sein. Zwischendurch war es notwendig, das Glas immer wieder in den Ofen zu halten, um die zur Bearbeitung nötige Plastizität aufrechtzuerhalten. Das genauere Vorgehen und insbesondere die Herstellung der feinen gleichmäßigen Profilierung an den ausgefeilteren Exemplaren ist bislang noch nicht vollständig geklärt; vermutlich wurde eine Form oder Matrize verwendet.

Anhand der Ausgrabungen im Oppidum von Manching konnte eine Typologie erstellt werden, die auf Form und Farbe basiert und die auch gut in ein feinchronologisches Netz verankerbar ist. Zu Beginn der Produktion um 260 v. Chr. stehen relativ schmale Ringe mit plastischen Verzierungen oder Auflagen von Glasfäden. In der Folge werden die Armringe breiter und üppiger und geradezu barock verziert. Das schlägt sich auch im Gewicht nieder: Wogen sie anfangs noch zwischen 15 und 30 g, weisen die Ringe auf dem Höhepunkt der Produktion gut 60 g auf, so die Ergebnisse aus Manching.

Auch die Farbigkeit entwickelt sich mit der Zeit. Zunächst gibt es grünliche Ringe mit blauen Fadenauflagen sowie hellblaue bzw. hellblau-grünliche Exemplare. Ab ca. 220 v. Chr. kommen kobaltblaue und durchsichtige, komplett entfärbte Glasringe mit so genannter gelber Folie hinzu. Die Innenseite der Ringe war mit einer gelben Glaspaste bestrichen. In der zweiten Hälfte des 2. Jh. v. Chr. folgen schließlich purpurne, braune und dunkelgrüne Armringe. Ab 120 v. Chr. ist eine Tendenz zur Schlichtheit bemerkbar, die Ringe werden schmaler und bleiben unverziert.

Zu Beginn der Armringherstellung wurden dem Glas geringe Mengen an Kupfer und Kobalt sowie Eisen zugesetzt, was die hellblaue und hellgrüne Farbe bewirkte. Ab 220 v. Chr. mischten vermutlich experimentierfreudige Handwerker zusätzlich Mangan bei, was zum intensiven, noch heute bestaunten Dunkelblau führte.

Entfärbtes Glas hängt ebenfalls mit der Beigabe von Mangan zusammen. Und Mangan, wiederum in einer anderen Dosierung, sorgte auch für das purpurne Glas der Spätlatènezeit.

Um 50/40 v. Chr. brach die Herstellung von nahtlosen Armringen nach keltischer Tradition ab, und damit ging das Wissen um deren Fertigung verloren.

Gläserne Perlen und Armringe aus dem Oppidum von Manching, einem der großen Glasverarbeitungszentren der Latènezeit.

Trotz des hohen technischen Standards in römischer Zeit war es den Handwerkern lange nicht möglich, Ringe ohne Naht zu produzieren. Eine Ausnahme stellt allerdings Britannien dar, wo ab Mitte des 1. Jh. bis ins 2. Jh. n. Chr. nahtlose Glasringe existieren. Doch auch auf der Insel scheint sich die Technik nicht aus der Latènezeit tradiert zu haben – Armringe dieser Zeitstufe zählen in Großbritannien zu den sehr seltenen Importgütern und waren dort kaum verbreitet.

Im Gegensatz zu den keltischen Exemplaren wurde für die herkömmlichen römischen Armringe ein erhitzter Glasstab zusammengebogen. Die frühesten Stücke stammen aus dem 2. Jh. n. Chr. Erst ab dem 4. Jh. n. Chr. sind dann wieder römische Armringe ohne Naht bekannt.

Der Fundlage im Grab nach zu urteilen, wurden Armringe am Handgelenk, im Ellenbogenbereich und am Oberarm, meist jedoch am Unterarm getragen. In rund 90 % der Fälle lagen die Ringe auf der linken Seite, was sicher mit der Händigkeit zusammenhing; das entspricht im Übrigen auch der aktuellen Zahl an Linkshändern in Europa, die mit 10 bis 15 % angegeben wird. Armringe scheinen ausschließlich von Frauen und Mädchen getragen worden zu sein. Blaue Exemplare mit geringem Durchmesser werden Mädchen zugeschrieben, hier wird eine apotropäische Funktion vermutet: Die blaue Farbe sollte den Heranwachsenden wohl Schutz bieten.

Vereinzelt kommen keltische Armringe in römischen Kontexten vor, etwa in Sontheim an der Brenz. Häufiger sind Bruchstücke in alamannischen und merowingischen Gräbern wie in Oberflacht oder Friedingen. Dabei handelt es sich vermutlich um Stücke, die der Verstorbene zu Lebzeiten gefunden hat. Auffallend ist, dass sie ebenso überwiegend blau sind. Wahrscheinlich galt die Farbe auch in dieser Zeit als übelabwehrend.

Trotz der zahlreichen Funde von Perlen aus dem 5. und 4. Jh. v. Chr., vor allem Schichtaugenperlen, ist für diese Zeit eine Produktion in großem Stil jenseits der Alpen nicht belegbar. Lediglich für die bereits erwähnten Haguenauer Perlen wird eine solche angenommen, gelegentlich wird auch eine Fertigung von Perlen in Böhmen vermutet. Ab dem 3. Jh. v. Chr. ändert sich die Lage, und Perlen werden nun vermehrt in Mitteleuropa hergestellt. Zunächst handelt es sich meist um einfarbig blaue Perlen in Ring- und Kugelform. Auch gelbe Perlen und solche aus entfärbtem Glas kommen erstmals vor. Daneben sind Spiralaugenperlen sowie Zickzackmusterperlen bekannt. Ab dem ausgehenden 3. Jh. v. Chr. erweitert sich das Formen- und Farbenspektrum. Ringperlen werden mit verschiedenen Mustern geschmückt: mit spiralförmiger Fadenverzierung, mit Gittermuster oder farbigen Sprenkeln. Spiralaugenperlen werden seltener, dafür finden sich Perlen mit Punktaugenzier. Beliebt waren auch Perlen aus klarem Glas und gelber Folie. Ab ca. 50/40 v. Chr. reduziert sich das Spektrum auf einfarbig braune und blaue Glasperlen.

Die Herstellung der Perlen wurde ebenfalls anhand ethnografischer Parallelen rekonstruiert: Zunächst entnahm man einen kleinen Glasposten mit einem spitzen, wohl eisernen Gerät. Anschließend formte man die Perle mit einer Art Spatel um den Stab herum. Mehrfarbige Perlen wurden danach mit Glasauflagen versehen. Dazu musste das Glas wieder erhitzt werden, je nach Verzierungsart auch mehrfach. Glasperlen wurden ausschließlich von Frauen und Kindern getragen, als Halsschmuck, aber auch als Zier am Fibelbügel oder Anhänger am Gürtel.

Einzigartig, und auch mit Sicherheit aus keltischer Produktion, ist das gläserne Figürchen eine Hundes (2,1 cm lang; 1,6 cm hoch), das in der Nähe von Wallertheim (Kreis Alzey-Worms) als Beigabe in einem spätlatènezeitlichen Grab des 2. Jh. v. Chr. entdeckt wurde. Der hohle Körper, die kurzen Beinchen sowie der Kopf mit spitzen Ohren sind aus blauem Glas gearbeitet und mit gelben und weißen Glasfäden umwickelt. Kleine Figuren von Hunden aus Ton, Gagat oder Bronze sind gelegentlich belegt; für das Glashündchen gibt es jedoch keine Parallele.

Ein Glasbrocken belegt die Glasverarbeitung im Oppidum von Manching. Jedoch wurde das Rohglas nicht vor Ort hergestellt, sondern vermutlich aus der Levante importiert.

Zu diesem gläsernen Hundefigürchen aus Wallertheim ist keine Parallele bekannt. Es wurde als Beigabe in einem Grab des 2. Jh. v. Chr. entdeckt und ist sicher das Produkt eines keltischen Handwerkers.

Werkstätten der Latènezeit

Eine Werkstatt keltischer Zeit ist unter anderem im Oppidum von Manching dokumentiert. Neben einem Glastropfen, der als herstellungsbedingtes Abfallprodukt gedeutet wird, ist es vor allem ein rund 450 g schwerer Glasbrocken, der die Verarbeitung be-

zeugt. Die zahlreichen dort gefundenen Glasarmringe legen nahe, dass Manching eines der großen Glasverarbeitungszentren war. Über 400 Fragmente von Glasarmringen in Berching-Pollanten lassen ein zweites Produktionszentrum in Bayern vermuten. Als weitere Orte der Glasverarbeitung gelten ferner Breisach-Hochstetten und Zarten (Baden-Württemberg), Bad Nauheim (Hessen), Basel (Schweiz), Dürrnberg (Österreich) sowie Mšes, Stradonice, Staré Hradisko, Třísov, Zalzus und Němčice (Tschechische Republik).

Doch woher hatten die Kelten ihr Glas? Eine Rohglasproduktion ist im gesamten latènezeitlichen Europa nicht nachzuweisen. Naturwissenschaftliche Untersuchungen haben ergeben, dass es dem aus mineralischer Soda hergestellten Glas (LMG) aus der Levante gleicht. Auch in hellenistischer Zeit gibt es verschiedene Belege, dass Rohglas über das Mittelmeer verhandelt wurde. Eindrücklich dokumentiert dies das griechische Schiffswrack von Les Sanguinares aus dem 3. Jh. v. Chr. Die Ladung bestand aus griechischen, punischen und italischen Produkten wie Amphoren und Feinkeramik. Von besonderer Bedeutung sind aber die 500 kg schweren blauen Rohglasbarren, die vermutlich im syro-palästinischen Raum gefertigt wurden. Es ist davon auszugehen, dass die Kelten Rohglas auch aus der Levante importiert und daraus nach Zugabe von färbenden oder opakisierenden Komponenten ihre Perlen und filigranen Armringe hergestellt haben. Wie die Gefäße wurde auch das Rohglas über phoenikische Händler und griechische Kolonien in die Gebiete jenseits der Alpen weiterverhandelt.

Das rote Glas der Kelten

Im ausgehenden 5. Jh. v. Chr. kam an Hoch- und Oberrhein eine neue Technik auf: Mit opakem rotem Glas wurden Bronzegegenstände verziert. Das Material, das dank der Zugabe von Blei einen recht niedrigen Schmelzpunkt hatte, diente als Einlage von Fibeln und Halsringen. Dazu wurde der erhitzte, weiche Werkstoff in die dafür vorgesehenen Vertiefungen der Werkstücke eingepresst. Besonders eindrücklich ist ein Scheibenhalsring aus Gäufelden-Nebringen.

Rotes Glas war sicher deshalb so begehrt, weil es an Koralle erinnert. Und laut Plinius (Naturgeschichte XXXII, 21–23) erfreute sich Koralle bei den Kelten großer Beliebtheit, die damit vor allem Helme, Schwerter und Schilde verzierten. Darüber hinaus wurde Koralle in Schmuckstücke eingelegt, wie etwa in Halsringe.

Nächste Seite: Der bronzene Scheibenhalsring von Gäufelden-Nebringen aus dem zweiten Viertel des 4. Jh. v. Chr. wurde mit roten Glaseinlagen versehen, was sicher einen beindruckenden Kontrast zum ursprünglich goldfarbenen Glanz des Halsringes ergab.

Eine technische Revolution
Die Erfindung der Glasmacherpfeife und ihre Folgen

Von der ersten Blüte der Glasmacherkunst Mitte des 2. Jt. v. Chr. bis in hellenistisch-frührömische Zeit hatte es in der Glasherstellung immer wieder Weiterentwicklungen und Neuerungen gegeben. Doch für lange Zeit blieb die Herstellung von Glasgefäßen trotzdem relativ zeitaufwendig und kostspielig. Den Größen und Formen waren durch die bekannten Produktionsarten strikte Grenzen gesetzt.

Mit Erfindung der Glasmacherpfeife um die Mitte des 1. Jh. v. Chr. änderte sich der Umgang mit dem Werkstoff Glas innerhalb weniger Jahrzehnte grundlegend. Was zuvor nur durch komplizierte und langwierige Arbeitsschritte erreichbar war, ließ sich jetzt innerhalb kürzester Zeit realisieren: eine gläserne Hohlform. Außerdem war es nun möglich, auch größere Gefäße und eine zunehmende Bandbreite an Formen herzustellen. Relativ schnell wurde aus einem teuren Luxusartikel ein für große Teile der Bevölkerung erschwingliches Massenprodukt.

Geburtsstunde der Glasbläserei im syrisch-palästinischen Raum

Wie für die meisten technologischen Erfindungen der Antike kennt man auch für das erstmalige Aufkommen der Glasmacherpfeife weder eine genaue Zeit noch einen bestimmten Ort. Die ältesten literarischen Erwähnungen von Glasbläsern und Glasgefäßen stammen aus Schriftquellen des 1. Jh. n. Chr. Sie belegen durch ihre teilweise beiläufigen Formulierungen, dass die Glasmacherpfeife zu dieser Zeit bereits etwas Altbekanntes war und keine gerade erst entdeckte Neuerung.

Als Herkunftsort der Glasmacherpfeife gilt allgemein der syrisch-palästinische Raum. Schon im frühen 1. Jh. v. Chr. gab es im jüdischen Viertel der Altstadt von Jerusalem erste Versuche, eine Glasröhre mithilfe von heißer Luft auszudehnen. Hierfür wurde das untere Ende der Röhre zugedrückt bzw. zugeschmolzen und durch das obere Ende die Luft eingeblasen – ein Verfahren, das auch Lampenblasen genannt wird. Etwa Mitte des 1. Jh. v. Chr. entstanden dann vermutlich experimentell die ersten Glasmacherpfeifen. Innerhalb weniger Jahrzehnte entwickelten sich so eine neue revolutionäre Herstellungstechnik und parallel dazu die dafür notwendigen Werkzeuge. Erfindungsgeist, Experimentierfreudigkeit und die mit zunehmender Erfahrung wachsende Geschicklichkeit der Handwerker im Umgang mit der Glasmacherpfeife führten schließlich zur Professionalisierung der Glasbläserei. Ungefähr zeitgleich mit der Einrichtung des römischen Prinzipats entstand auf diese Weise unter Kaiser Augustus (27 v.–14 n. Chr.) eine kommerzielle Glasherstellung in bis dahin nicht bekannten Ausmaßen.

Glasmacherpfeifen aus Ton und Metall

Die ersten Glasbläser verwendeten Pfeifen aus gebranntem Ton, die sie entweder einfach mit den in ihren Werkstätten vorkommenden Materialien selbst herstellen oder relativ preiswert in Auftrag geben konnten. Diese frühen keramischen Pfeifen waren wesentlich kürzer als die späteren Exemplare aus Eisen, konnten aber ebenfalls mehrmals wiederverwendet werden. Experimentelles Glasblasen mit gebrannten Tonpfeifen im Glasstudio des Toledo Museum of Art ergab, dass die Pfeifen für die richtige Zugfestigkeit eine Länge von etwa 30 bis 60 cm aufweisen sollten. Die Pfeifen selbst konnten auch ohne große Töpfereierfahrung innerhalb von etwa zehn Minuten aus Ton geformt werden. Bei niedrigen Temperaturen gebrannte Stücke vertrugen die zum Glasblasen benötigten hohen Temperaturen am besten. Sie hielten der Hitze des Ofens und der heißen Glasmasse nachweislich besser stand als ihre bei hohen Temperaturen gebrannten Pendants, da sie durch ihre größere Elastizität weniger bruchanfällig waren. Eiserne Glasmacherpfeifen, wie wir sie noch heute kennen, wurden vermutlich erst später verwendet, als die Produktion geblasener Glasgefäße immer stärker zunahm. Metallpfeifen konnten von den Glashandwerkern allerdings nicht mit eigenen Mitteln hergestellt werden. Zudem mussten die Röhren aufgrund der Hitzeleitfähigkeit des Metalls um einiges länger sein als die tönernen Varianten, um tatsächlich effektiv mit ihnen arbeiten zu können. Durchgesetzt hat sich schließlich eine Länge von etwa 1 bis 1,5 m. Die Größe wirkte sich natürlich auf das Gewicht der Eisenpfeife aus, wodurch wiederum mehr Übung und auch Kraft für eine erfolgreiche Handhabung erforderlich war. Über einen längeren Zeitraum hinweg wurden mit großer Wahrscheinlichkeit beide Arten der Glasmacherpfeife parallel eingesetzt, bevor sich die eiserne Pfeife schließlich dauerhaft durchsetzte.

Die tönerne Öllampe aus Asseria zeigt einen Glasbläser neben dem Ofen bei der Arbeit. Auf der anderen Seite des Ofens ist eine zweite Person erkennbar. Die Lampe stammt aus der zweiten Hälfte des 1. Jh. n. Chr. und befindet sich heute in Split.

Aus der römischen Antike gibt es bisher nur zwei bildliche Nachweise für eine Glasmacherpfeife. Auf dem Spiegel von zwei Öllampen aus Ton, die beide in der zweiten Hälfte des 1. Jh. n. Chr. aus ein und derselben Form hergestellt wurden, ist ein Glasbläser bei seiner Arbeit dargestellt, im Hintergrund ein Arbeitsofen. Eine Öllampe stammt aus Asseria in Dalmatien, die zweite aus dem italienischen Ferrara.

Technik des Glasblasens

Die Arbeit mit einer Glasmacherpfeife hat sich in den letzten zwei Jahrtausenden im Großen und Ganzen nur wenig verändert. Allerdings gab es in römischer Zeit Unterschiede bei der Vorgehensweise, die vom Material der verwendeten Glasmacherpfeife abhing. Nutzte der Glasbläser eine eiserne Pfeife, dann nahm er wie moderne Glasbläser auch heiße Glasmasse aus dem Ofen auf und blies das Glas kurz an, um die Masse leicht aufzutreiben. Anschließend wälzte er das heiße Glas auf einer so genannten Märbelplatte hin und her, um die Außenhaut abzukühlen und der Glasblase die gewünschte Form zu geben. Danach konnte er das Glas weiter ausblasen. Abhängig von der endgültigen Gestalt und Größe des Gefäßes war es unter Umständen erforderlich, die einzelnen Arbeitsschritte zu wiederholen und das Glas zwischendurch erneut zu erhitzen. Anstelle des Märbelns auf einer Platte war es auch möglich, allein durch geschicktes Drehen der Pfeife und Schleudern der Glasmasse die Glasblase in die angestrebte Gestalt zu bringen oder sie mit Werkzeugen und mithilfe von vorgefertigten Formen zu bearbeiten.

Verwendete der Glashandwerker dagegen eine Pfeife aus gebranntem Ton, dann nahm er anstatt der heißen Glasmasse einen auf etwa 505 bis 590 °C erwärmten Glasbrocken auf, der anschließend weiter erhitzt wurde. Bei den Experimenten im Museum von Toledo wurden für die erstmalige Nutzung an der Spitze der Keramikpfeife Glaskrösel angebracht. Durch Erhitzen bildeten sie eine zähflüssige Masse, an welcher der Glasbrocken ohne Schwierigkeiten kleben blieb. Glasmacherpfeifen aus gebranntem Ton reagieren viel druckempfindlicher als Eisenpfeifen, deshalb erforderte das Märbeln sicherlich besonderes handwerkliches Geschick. Es ist also gut vorstellbar, dass die Glasbläser bei der Arbeit mit einer Tonpfeife grundsätzlich auf eine Märbelplatte verzichteten und stattdessen die Gefäße nach dem Anblasen ausschließlich durch Drehbewegungen der Pfeife und Schleudern der Glasmasse formten.

»Als das Kristall die Hitze des Feuers schmeckte«

Ein fragmentarisch auf einem ägyptischen Papyrus des 3. Jh. n. Chr. aus Oxyrhynchos überliefertes griechisches Gedicht beschreibt poetisch die Arbeit eines Glasbläsers: »Erst erhitzte er (der Glasbläser) die äußerste Spitze der Pfeife, dann schnappte er aus der Nähe einen Brocken leuchtenden Glases und steckte ihn geschickt in die Höhlung des Ofens. Als dann das Kristall die Hitze des Feuers schmeckte, wurde es von den Schlägen des Hephaistos erweicht wie … Er blies hinein aus seinem Mund einen schnellen Luftstoß … wie ein Mann die höchst entzückende Kunst des Flötenspiels ausübt. Das Glas empfing die Kraft seines Atems und rundete sich wie eine Kugel davor. Es empfing einen erneuten Angriff des heiligen Atems, denn oft, es schleudernd wie ein Rinderhirte seinen Stab, blies er hinein …« (Übersetzung nach E. M. Stern).

Das Erhitzen eines heißen Glasbrockens (griechisch βόλος/bolos) vor der Verarbeitung wird in

1)

2)

3)

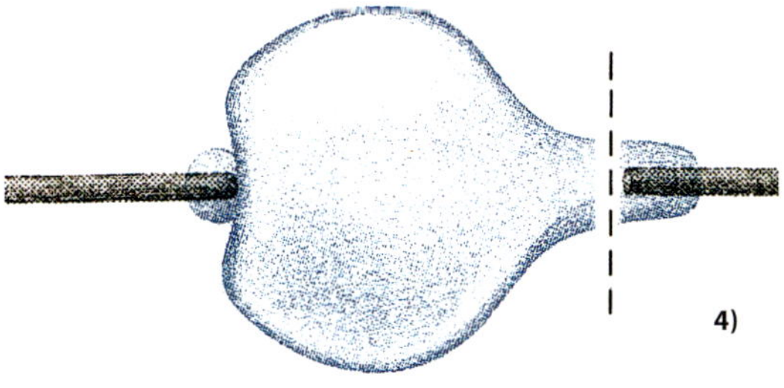

4)

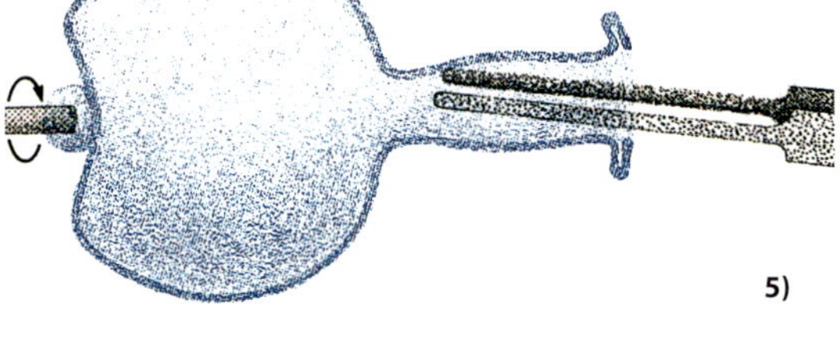

5)

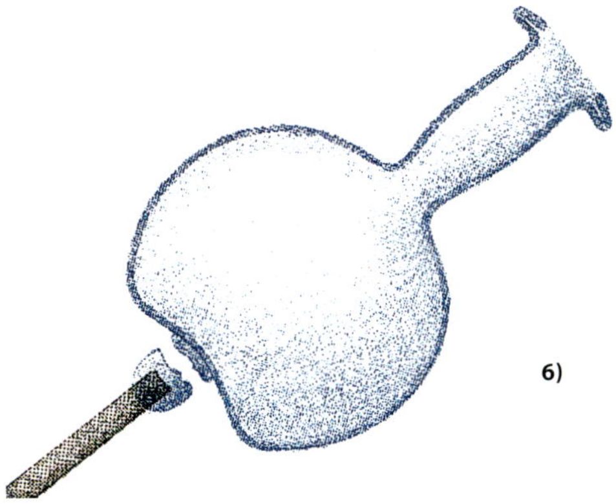

6)

Die Technik des Glasblasens hat sich in den Grundzügen seit römischer Zeit kaum verändert. Nach dem Anblasen wurde der Glasposten auf einer Platte gemärbelt und durch Blasen das Gefäß auf die gewünschte Größe gebracht, bevor Rand- und Bodenbereich gestaltet wurden. Das letzte Bild zeigt ein formgeblasenes Gefäß mit seiner zweiteiligen Form.

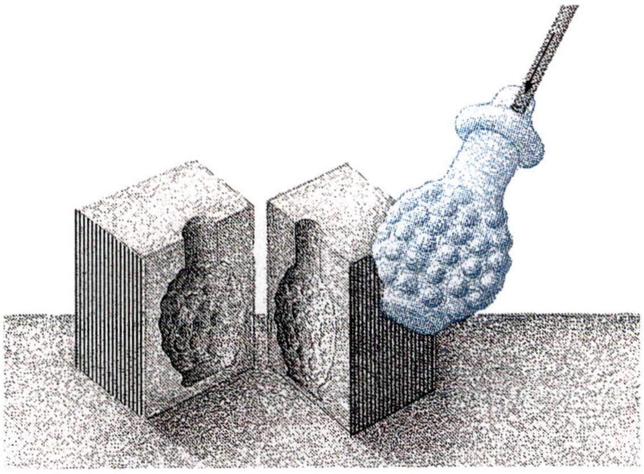

7)

einem weiteren Gedicht erwähnt, das vermutlich Mesomedes von Kreta in der ersten Hälfte bis Mitte des 2. Jh. n. Chr. verfasst hat (Anthologia Palatina 16, 323): »Der Handwerker hackte ein Stück Rohglas ab und brachte es. Dann legte er den Brocken, hart wie Eisen, in das Feuer. Das Glas fing an wie Wachs zu schmelzen, als es in den allverzehrenden Flammen rot-heiß glühte. Für Sterbliche war es ein Wunder zu sehen, wie das Material aus den Flammen floss und der Handwerker erbebte, dass es ihm im Fall abreiße. Dann legte er auf die Spitzen der Doppelzange den Brocken.« (Übersetzung nach E. M. Stern).

Weiterverarbeitung mit dem Hefteisen

War die gewünschte Grundform und Größe des Gefäßkörpers erreicht, setzte der Glasbläser eine etwa 1 m lange Eisenstange – das so genannte Hefteisen – am Boden an. Damit das Hefteisen problemlos mit dem Boden verschmolz und sicher haftete, wurde es vorher mit einem Tropfen heißer Glasmasse versehen. Das Glas konnte nun von der Pfeife abgeschlagen werden. Die anschließende Weiterbearbeitung des Gefäßes nach Abtrennung der Kappe erfolgte entweder direkt im Anschluss im noch heißen Zustand oder erst nach dem Erkalten. Die Möglichkeiten dafür waren vielfältig. Bei geschlossenen Formen wie Kannen, Krügen oder Flaschen wurden Hals, Mündungsbereich und Rand direkt ausgestaltet und zum Teil auch heiß verrundet. Handelte es sich dagegen um eine offene Gefäßform, beispielsweise um eine Schale oder einen Becher, erfolgte in einem weiteren Zwischenschritt erst noch die Abtrennung des überflüssigen Gefäßteils durch Abschneiden (im heißen Verarbeitungszustand) oder durch Absprengung (nachdem das Glas abgekühlt war). Im zweiten Fall zog der Glashandwerker mit einem glühenden Draht oder einer heißen Flamme eine Trennlinie, die anschließend durch Abschrecken abgesprengt wurde. Gefäße mit abgesprengtem Rand wurden häufig in einem zusätzlichen Arbeitsschritt rundgeschliffen, denn ohne Nachbearbeitung blieb der Rand rau und scharf – und war damit nicht gerade benutzerfreundlich.

Hatte der Glasbläser das heiße Gefäß samt Rand und Boden in seine endgültige Form gebracht und seine Arbeit so weit vollendet, wurde das Hefteisen vom Gefäßboden abgetrennt. Ein Überrest des verbindenden Glastropfens in Form der so genannten Heftnarbe ist an vielen römischen Gefäßen noch erkennbar. Anschließend wurden die noch immer heißen Gläser in einem Kühlofen langsam und kontrolliert abgekühlt, um Spannungen im Glas und Risse zu vermeiden. Dieser Abkühlungsprozess konnte bis zu einem Tag in Anspruch nehmen (s. S. 12).

Nachahmungen und Experimente

Geschlossene Gefäßformen lassen sich mit der Technik des Glasblasens einfacher und schneller herstellen als offene Gläser. Deshalb wurden zuallererst Flaschen und Fläschchen, Balsamarien und Ähnliches produziert, deren Formen und Dekore aus der hellenistischen Glasmachertradition längst bekannt waren. Zu den frühen geblasenen Gefäßen gehörten auch einfache henkellose kleine Fläschchen, die zuvor bereits ohne Glasmacherpfeife aus Glasröhren geblasen wurden. Doch höchstwahrscheinlich begnügten sich die Handwerker nicht lange mit den bereits bekannten Formen, sondern begannen innerhalb kurzer Zeit verstärkt zu experimentieren und die Grenzen der neuen Technik auszutesten. Zuerst ahmten sie formal schon Bekanntes nach – wie etwa Gefäße aus anderen Materialien –, bevor sie zunehmend Neues ausprobierten. So erkannten sie relativ schnell, dass sich durch eine Faltung der heißen Wandung massive oder auch röhrenförmige Standringe bilden ließen und durch eine Stauchung ein Hohlkragen unter dem Rand entstand.

Vielfalt (fast) ohne Grenzen

Die Erfahrung und Geschicklichkeit im Umgang mit der Glasmacherpfeife entwickelte sich rasant. Nachdem die Herstellung mit geschlossenen Gefäßen begonnen hatte, erfolgte nur wenig später auch die Produktion offener Formen wie Teller, Platten, Schalen, Schüsseln und Becher in großer Vielfalt und für die unterschiedlichsten Verwendungszwecke. So konnte eine Flaschenform im Miniaturformat als Anhänger oder religiöse Opfergabe dienen, in »normaler« Größe wurde sie zum Servieren bei Tisch verwendet und um ein Vielfaches größer als Vorrats- oder Transportgefäß eingesetzt. Glasherstellung war in den verschiedensten Farbspektren möglich, monochrom, polychrom oder farblos; ein Gefäß konnte schlicht und unverziert bleiben oder aber mit unterschiedlichen Dekors versehen und im warmen oder im abgekühlten Zustand nachbearbeitet werden.

Über die Formenvielfalt des Glasblasens im 1. Jh. n. Chr. schrieb bereits Lucius Annaeus Seneca (4 v.–65 n. Chr.) in seinen Briefen (Epistulae morales ad Lucilium 90, 31): »Ich würde (...) gerne einen Glasbläser vorführen, der mit seinem Atem dem Glas zahlreiche Formen gibt, wie man sie mit geübter

Die so genannten Zirkusbecher wurden in eine zweiteilige Form geblasen, wobei die Nahtstellen oft geschickt in die Darstellungen eingebaut sind. Abgebildet ist hier ein Pferderennen im Zirkus mit seiner typischen Architektur.

Hand kaum zustande brächte.« (Übersetzung nach M. Honroth).

Vom exklusiven Luxusobjekt zur Massenware

Innerhalb einer erstaunlich geringen Zeitspanne nahmen Größe, Formenreichtum und Vielfalt der Glasgefäße so stark zu, dass eine regelrechte Massenproduktion entstand. Mit der Glasmacherpfeife konnten Hohlglas dünnwandiger als je zuvor hergestellt und selbst komplizierte Formen qualitativ hochwertig realisiert werden. Gleichzeitig reduzierte sich die Herstellungsdauer eines Gefäßes auf ein Minimum der bisher benötigten Zeit, sodass Gläser preiswerter und für einen größeren Teil der Bevölkerung erschwinglich wurden. So entwickelte sich Glas im 1. Jh. n. Chr. vom exklusiven Luxusprodukt zur erschwinglichen Massenware für jedermann.

Dieser Wandel spiegelt sich auch im Satyricon von Titus Petronius Arbiter (ca. 14–66 n. Chr.) wider, das in der Regierungszeit Kaiser Neros Mitte des 1. Jh. n. Chr. veröffentlicht wurde. Petronius lässt im Gastmahl des Trimalchio seinen Protagonisten verlauten, dass er geruchlose Glasgefäße solchen aus Gold vorziehen würde, wenn das Glas nicht so zerbrechlich und damit von geringerem Wert wäre (Satyricon 50).

Zu den Erfindungen, die mit der Weiterentwicklung und Professionalisierung des Glasblasens einhergingen, gehörten auch der Glasblasofen mit seiner horizontalen Erhitzungskammer und die eiserne Glaspfeife, die nach und nach die einfache Pfeife aus gebranntem Ton ersetzte. Für die Weiterverarbeitung wurden neue Werkzeuge und Hilfsmittel wie etwa das Hefteisen, Zangen und Formen geschaffen, die die Arbeit erleichterten und weitere Neuerungen ermöglichten.

In Formen geblasen: einteilig, zweiteilig, dreiteilig … mehrteilig

Im 1. Jh. n. Chr. entwickelten sich parallel zur Vielfalt der frei geblasenen Gefäße unterschiedliche Arten von formgeblasenen Gläsern. Es gab einteilige und mehrteilige Formen, Vorformen, Halbformen und Vollformen. Manche Gefäße wurden vollständig in eine ein- oder mehrteilige Form geblasen und erhielten dort bereits ihre endgültige Ausgestaltung. Zu den in zweiteilige Formen geblasenen Gefäßen gehörten Zirkusbecher und Gladiatorenbecher, aber auch Dattelfläschchen und weitere Behältnisse in Frucht- oder Fassform sowie in Gestalt von Tieren, Figuren oder Köpfen. Bei vielen der so produzierten Gläser sind die Gussnähte zwischen den einzelnen Modeln deutlich zu erkennen; teilweise wurden sie geschickt in die dargestellte Form integriert.

Andere Gefäße wurden beispielsweise in eine gerippte einteilige Vorform angeblasen, wieder ent-

nommen und anschließend frei ausgeblasen. So entwickelte sich das Rippenmuster optisch und konnte unterschiedlich stark ausgeprägt sein, abhängig von der Größe des Endprodukts.

Mithilfe von genormten Halbformen ließen sich aber auch einheitlich große Gefäßkörper für den Handel und Transport herstellen. Die Halbform reichte in diesem Fall bis zur Gefäßschulter. Hals- und Randgestaltung erfolgten anschließend frei. Vor allem zylindrische und prismatische Krüge sowie Flaschen wurden auf diese Weise in ein- oder mehrteilige Formen geblasen, um dann gemeinsam etwa in Holzkisten verpackt und verhandelt zu werden. In Pompeji haben sich durch den Vesuvausbruch am 24. August 79 n. Chr. zwei Holzkisten für den Transport erhalten, die bei ihrer Auffindung noch sieben bzw. neun solcher Vorratsgefäße enthielten. Auch die weit verbreiteten Vierkant- und Mehrkantkrüge wurden häufig in ein- bis mehrteilige Halbformen geblasen und von der Schulter aufwärts frei geformt. Für die Weiterverarbeitung musste man sie dann entweder mit dem Hefteisen am Boden oder mit einer Zange am Körper festhalten. Die Ränder waren mehr oder weniger stark nach außen gebogen und nach innen gefaltet, wodurch sich teller-, dach- oder gar pilzartige Formen ergaben. Teilweise besaßen die Vorratsgefäße auch Bodenmarken. Die Formen und mehrteiligen Model selbst konnten z. B. aus härterem Marmor, Sandstein oder auch aus gebranntem Ton bestehen.

Alle in diesem steinernen Bodenmodel (rechts) hergestellten Vierkantkrüge besaßen eine Bodenmarke aus konzentrischen Kreisen.

Von Sidon bis Latium, von Oberitalien bis Köln

Dank vereinfachter Arbeitsprozedur und größerer Produktionsmengen entwickelte sich auch der Handel in bis dahin unbekanntem Ausmaß. Schon seit Langem etablierte Herstellungszentren für Glasgefäße – beispielsweise im ägyptischen Alexandria und in Sidon im heutigen Südlibanon – verstärkten ihre Produktion und begannen gleichzeitig, mit dem neuen Medium zu experimentieren und kunstfertige Varianten auf den Markt zu bringen.

Die ersten nachweisbaren Glasbläser arbeiteten in Sidon, in den Küstenstädten des syrisch-palästinischen Raumes und schließlich in Italien. Plinius der Ältere nennt im 1. Jh. n. Chr. in seiner Naturgeschichte (XXXVI, 193) ausdrücklich das Glasblasen (flatu figurare) als eine der drei Spezialitäten von Sidon, an anderer Stelle (V, 76) bezeichnet er die Stadt sogar als Glaskünstlerin (artifex vitri). Im 1. Jh. n. Chr. gab es mehrere namentlich bekannte Glasbläser aus Sidon, die ihre Produkte außer mit ihrem Namen auch mit ihrem Herkunftsort kennzeichneten, z. B. Aristo Sidonius und Artas Sidonius. Letzterer hat seine Gefäße sowohl in lateinischen als auch in griechischen Buchstaben signiert, wahrscheinlich, um bei Käufern im Osten und im Westen des Römischen Reiches gleichermaßen für sich und seine Produkte zu werben.

Die in mehrteilige Halbformen geblasenen Vierkantkrüge und -flaschen dienten als Vorrats- und Transportgefäße. Es gab sie in den unterschiedlichsten Größen.

Vor allem in augusteisch-tiberischer Zeit (ca. 27 v. – 37 n. Chr.) kam es neben der verstärkten Produktion im östlichen Mittelmeerraum zur Gründung neuer Glaswerkstätten im westlichen Römischen Reich. Ursprünglich handelte es sich dabei wahrscheinlich um Ableger alteingesessener Produktionszentren; frühe Dependancen entstanden zunächst vermutlich in Latium und Campanien. Die Handwerksmeister dieser neu gegründeten italischen Hütten kamen wohl vor allem aus der Levante, die auf Luxusgläser spezialisierten Glaskünstler aus Ägypten. Im Verlauf des 1. Jh. n. Chr. kamen weitere Glaswerkstätten in Oberitalien und im Tessin sowie im Rheingebiet mit Zentrum im Kölner Raum hinzu. Die neuen Werkstätten produzierten und vertrieben aber nicht nur die inzwischen für fast alle Bevölkerungsschichten bezahlbare Massenware, sondern erarbeiteten teilweise parallel auch weitere Formen von Luxusprodukten. So etablierten sich nach und nach Glashütten und weiterverarbeitende Werkstätten im gesamten Römischen Reich – in Gallien, Britannien und Spanien ebenso wie in den Donauprovinzen, am Schwarzen Meer und in Nordafrika. Während diese ursprünglich vor allem für den lokalen bis regionalen Bedarf produzierten, entwickelten sich einige Werkstätten schließlich mit der Zeit zu bedeutenden Herstellungszentren, die ihre Waren zunehmend auch im großen Stil exportierten und im gesamten Imperium verhandelten.

Edel und teuer

Neue Verzierungen und Luxusgefäße durch Spezialisierung

Mit der Glasmacherpfeife und der daraus innerhalb einiger Jahrzehnte resultierenden relativ kostengünstigen Massenproduktion von Gefäßen in unterschiedlichen Größen und Formen entstanden zur Veredelung auch neue Verzierungsmöglichkeiten sowie eine Spezialisierung auf kunsthandwerklich herausragende Objekte. Diese blieben weiterhin Luxusartikel, die sich nur wohlhabende Personen leisten konnten. Es gab Gläser in allen Preislagen und für jede Gesellschaftsschicht: angefangen von günstigen, schlichten Gefäßen (etwa für Transport und Vorratslagerung oder zur Verwendung in der Küche) über unterschiedlich aufwendig dekorierte Produkte (z. B. Servier- und Tischgeschirr, aber auch zur Aufbewahrung kostbarer Duftöle) bis hin zu wertvollen repräsentativen Gläsern, die nur wenige spezialisierte Glaskunsthandwerksbetriebe herstellten und die dementsprechend kostspielig waren. Ein Gefäß konnte als einfachste Variante aus »natürlich« blaugrünem Glas bestehen oder als edelste Ausführung aus mehrfarbigem Glas, das kunsthandwerklich nachbearbeitet wurde.

Erste Veredelungstechniken

Wie Plinius der Ältere schon richtig über die Glasbearbeitung vermerkte (Naturalis Historia XXXVI, 198): »es ist jetzt kein Material folgsamer« – und die Glashandwerker der damaligen Zeit nutzten die sich daraus ergebenden Möglichkeiten.

Im 1. Jh. n. Chr. wurden freigeblasene feinere Glasgefäße wie schon in hellenistischer Zeit zur Nach-

Diese »zarte« Rippenschale wurde frei geblasen, die Rippen sind mit einer Zange aus der Wandung herausgekniffen. Das Glas wurde in der ersten Hälfte des 1. Jh. n. Chr. wahrscheinlich in Norditalien hergestellt.

Die zartgerippte, blassgrüne Schale ist durch das Blasen in eine Form entstanden und datiert in das zweite bis dritte Viertel des 1. Jh. n. Chr.

Die Flasche in Form eines Doppelkopfes wurde in eine zweiteilige Form geblasen. Die beiden kindlich wirkenden Köpfe blicken dabei in entgegengesetzte Richtungen.

Vielleicht in Sidon wurde um die Mitte des 1. Jh. n. Chr. das hexagonale Fläschchen (rechts) hergestellt. Es ist in eine mehrteilige Form geblasen und zeigt in der Körpermitte in sechs rechteckigen Feldern verschiedene Gefäße.

ahmung bunter Steine häufig in kräftigen Farben angefertigt, entweder einfarbig, bunt gefleckt oder mit in die Oberfläche eingeschmolzenen bzw. aufgelegten Fäden. Das gilt vor allem für den östlichen Mittelmeerraum. In Italien und ebenso im Tessin waren bald auch hellere und durchsichtigere Farbtöne beliebt.

Durch das Märbeln in kleinen farbigen Bröckchen oder Kröseln entstanden in der ersten Hälfte des Jahrhunderts Gläser, die den Keramikgefäßen mit Griesbewurf der augusteischen Zeit nachempfunden waren. Die Technik war schnell weiterentwickelt: Ein erneutes Ausblasen der Glasblase nach dem Märbeln integrierte die Krösel als bunte Farbflecken in die Wandung. Ebenso wurden kleine Scherben aufgeschmolzen, Verzierungen aus dem Gefäßkörper herausgekniffen oder herausgefaltet, z. B. bei den »zarten« Rippenschalen.

Frühe formgeblasene Gefäße

Die ersten formgeblasenen Behältnisse ab augusteischer Zeit waren ebenfalls kostbarere Objekte, die mit ihren reliefierten Mustern gehämmerte und getriebene Gefäße aus Gold und Silber nachahmten. Auf deren Herkunft aus Sidon verweist vielleicht Plinius der Ältere mit der Bemerkung »durch Ziselieren, wie beim Silber« (argenti modo caelare, Naturgeschichte XXXVI, 193), und auch Martialis beschreibt 86 n. Chr. Gefäße als »getriebene Arbeit aus robustem Glas« (audacis plebeia toreumata vitri, Epigramme 14, 94; Übersetzung nach P. Barié/W. Schindler). Die Technik, in mehrteilige, zusammensetzbare Formen zu blasen, entwickelte sich wohl im syrisch-palästinischen Raum und setzte in Italien erst im 2. Drittel des 1. Jh. n. Chr. ein. In der Folgezeit wurden vor allem Trinkgefäße und Tafelgeschirr in Formen geblasen, geschmückt mit geometrischen, pflanzlichen und riefelartigen Mustern oder Buckelverzierungen, aber auch die bekannten Zirkusbecher mit Szenen von Wagenrennen, zartgerippte Schalen und Gefäße in Kopfform gehörten dazu. Mit die frühesten Gegenstände dieser Art sind hexagonale Flaschen, auf denen in Hochrelief Gefäße, Früchte, Vögel, Masken oder gemischte Symbole dargestellt sind und in denen wahrscheinlich wertvolle Duftöle aufbewahrt wurden. Kleine Dattelfläschchen, welche die Frucht realistisch wiedergaben, waren mit süßem Dattelöl gefüllt vermutlich eine symbolische Neujahrsgabe. Das entspräche der literarisch belegten römischen Tradition, an Neujahr Datteln zu verschenken: »Sinnbild sollen sie sein, dass süß auch das Leben verlaufe, dass das begonnene Jahr angenehm ende den Lauf« (Ovid, Fasti, I, 185–188; Übersetzung nach W. Gerlach). Einige der Gläser besaßen auch formgeblasene Inschriften auf Griechisch. Dabei konnte es sich um Signaturen von bekannten Herstellern handeln, z. B. von Ennion, Aristeas, Iason, Meges oder Neikas, oder um Sinnsprüche wie »sei froh und vergnügt«.

Mit dem Öl der Früchte gefüllte Dattelfläschchen konnten anstelle von echten Datteln symbolisch als Neujahrsgruß verschenkt werden.

Damit die Reliefs gut zur Geltung kamen, wurden sehr frühe Stücke häufig in opakem, teilweise weißem Glas geblasen. Ein Großteil der formgeblasenen Gefäße bestand etwa ab den 20er-Jahren des 1. Jh. n. Chr. erst aus durchscheinend dunkelblauem und bald auch durchscheinendem bis durchsichtigem blaugrünem oder braunem Glas.

Im späten 1. Jh. n. Chr., als einfache zylindrische und mehrkantige formgeblasene Vorratsgefäße in großen Mengen für den Handel und Transport produziert wurden, setzte sich eine neue Mode für feines Tafelgeschirr durch: Gläser mit Facettenschliff. Erst im 4. Jh. n. Chr. erlebte eine weitere Art formgeblasener Gläser ausgehend vom östlichen Mittelmeerraum eine neue Blütezeit: vorab in Formen reliefierte Gefäße, die anschließend frei ausgeblasen wurden. Auch

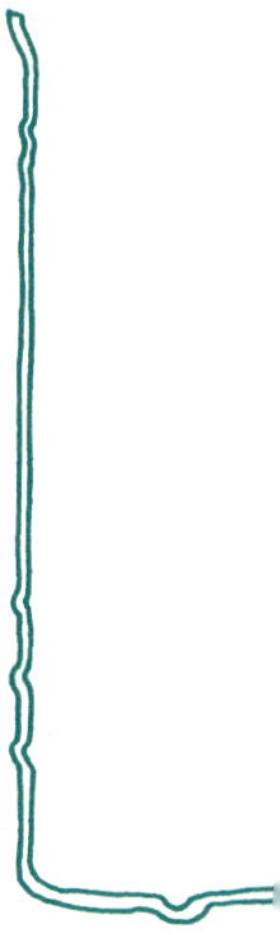

Auf der Mitte des formgeblasenen zylindrischen Bechers befindet sich eine griechische Inschrift, die durch zwei Palmwedel unterteilt wird: »Sei froh und vergnügt«.

das doppelte Formblasen kam zur Anwendung, wobei die Gestaltung der Glasblase nacheinander in zwei Formen erfolgte.

Gläser mit Facettenschliff

Wahrscheinlich wurde die Technik des Facettenschliffs im letzten Drittel des 1. Jh. n. Chr. von italienischen Glasschleifern erfunden. Sie nahmen dafür überwiegend farblose, durchsichtige Gefäße, die im kalten Zustand mit einem Rädchen geschliffen wurden. Eine im Abfallbereich einer Glaswerkstatt in Tanais ausgegrabene Tonform belegt, dass ab dem 2. Jh. n. Chr. zur Weiterverarbeitung formgeblasene Rohlinge verwendet wurden, die ansatzweise bereits das zu schleifende Muster wiedergaben. Im 1. Jh. n. Chr. waren die Rohlinge dagegen offenbar noch von Glas töpfern in Formen gepresst worden. Die Schliffrillen können rund, oval oder reiskornförmig ausfallen. Bei den frühesten Gläsern dieser Machart wurde ein Großteil oder sogar die komplette Oberfläche mit Facettenschliff verziert. Doch die Facetten konnten auch so tief geschliffen werden, dass sie wie Buckel wirkten und damit getriebenes Silber nachahmten. Etwa ab Mitte des 2. Jh. n. Chr. kam es zu einer Unterteilung der Facetten in einzelne Zonen. Die überwiegend auf Bechern und Schalen verwendeten Muster ähneln sich sehr, egal ob die Gläser aus Werkstätten im Rheinland (Köln), in Tanais am Schwarzen Meer oder im syrischen Dura Europos stammen. Ein viertes Herstellungsgebiet befand sich in Pannonien. Gläser

Bei der zylindrischen Kanne handelt es sich um ein doppelt formgeblasenes Gefäß. Sie wurde nicht nur einmal in eine Form geblasen, sondern zweimal, sodass die beiden herausgeblasenen Formen sich überschneiden.

Der farblose Becher mit Facettenschliff aus Rottweil ist beinahe komplett erhalten und zeigt, mit welcher Kunstfertigkeit die Arbeit mit den Schleifrädchen erfolgen konnte.

mit Facettenschliff erlebten ihre Blütezeit in der zweiten Hälfte des 2. und der ersten Hälfte des 3. Jh. n. Chr. Nur die rheinischen Werkstätten produzierten auch noch im späteren 3. und sogar bis ins 4. Jh. n. Chr.; die dort verwendeten Dekorkompositionen werden mit der Zeit immer geometrischer.

Figürlicher Schliff

Auf figürlichen Glasschliff spezialisierte Werkstätten arbeiteten in Ägypten, in Rom und im Kölner Raum ab dem 2. Jh. n. Chr. Der Höhepunkt ihrer Produktion lag im späten 3. und 4. Jh. n. Chr. Die einzelnen Werkstätten besaßen jeweils ein großes Repertoire an Motiven und Vorlagen, die in einer Art Musterbuch hinterlegt waren. Allem Anschein nach gab es zumindest teilweise auch Gipsabgüsse als dreidimensionale

In der Mitte der farblosen Schale ist in einem Medaillon in figürlichem Konturenschliff die Büste eines jungen Mannes mit spitzer Kappe, Mantel und Rute dargestellt. Im äußeren Bereich der Schale schwimmen vier Fische.

tragbare Mustervorlagen, wie sie beispielsweise im afghanischen Begram ausgegraben wurden. Zu den unterschiedlichen Schleifstilen und Techniken gehörten neben einfachen Arten wie flache Schlifflinien etwa Konturenschliff und die Aufrauung stumpfer Flächen, um verschiedene Farbtöne zu erzielen. Plastischer Tiefschliff imitierte getriebene Silberreliefs, freihändig geritzte Schattierungsstriche wirkten wie dunkle Umrisse auf Mosaiken und Gemälden. Bei komplizierten Darstellungen konnten auch mehrere Schliffarten kunstvoll miteinander kombiniert werden. Weitere Möglichkeiten waren Ausgestaltungen in Tief- oder Hochschnitt.

Schlangenfadendekor

Zu den Verzierungsmöglichkeiten im heißen Zustand gehörten Fadenauflagen in verschiedenen Farben, Stärken und Mustern. Eine Sonderart bildet hier das so genannte Schlangenfadendekor, das auf Gläsern im Osten und Westen des Römischen Reiches ab der zweiten Hälfte des 2. Jh. n. Chr. vorkommt. Namensgebend sind die wellenförmigen bis zickzackartigen Verläufe der Motivfäden, die sich über die Oberfläche ziehen und wie Schlangenbewegungen wirken. Beliebte Darstellungen waren beispielsweise Blätter, Girlanden, tordierte Fäden und Spiralen. Kompliziertere Muster wurden wahrscheinlich vorgefertigt und anschließend auf den Gefäßkörper aufgeschmolzen, einfachere Motive ließen sich hingegen direkt freihändig auftragen. Die Fadenauflagen konnten sowohl farblos als auch bunt sein, wobei farbige Schlangenfäden eher aus westlichen Fundkontexten bekannt sind. Je nach Art der angewandten Schnörkel werden die Gläser einzelnen Werkstattgruppen, beispielsweise im Kölner Raum, zugeordnet. Im Westen befanden sich Werkstätten im Rheinland sowie vermutlich in Nordgallien (Frankreich) und in Pannonien (Ungarn). Die Lage der Werkstätten im östlichen Mittelmeerraum ist momentan noch nicht näher eingrenzbar.

Glasmalerei

Bemalte römische Glasgefäße existierten zwischen dem 1. und 4. Jh. n. Chr., waren aber ihrer Seltenheit nach zu urteilen eher Luxusartikel. Es gab zwei unterschiedliche Herstellungsweisen: die Verwendung von Kaltfarben und die Emailmalerei. Bei der ersten Variante handelte es sich um eine Art Hinterglasmalerei, wobei die Farben im kalten Zustand auf die Rück- bzw. Unterseite des Gefäßes aufgemalt wurden.

Das Schlangenfadendekor auf der farblosen Schale oben verläuft zum Teil in Wellenlinien und endet in kleinen Schnörkeln, die Fäden sind nicht eingekerbt. Die Schale stammt möglicherweise aus einer Werkstatt im nördlichen Gallien.

Durch die typische Art der Schnörkel kann die Kanne rechts mit den gelben und blauen Fadenauflagen aus Grafschaft-Gelsdorf dem Werkstattbereich im Kölner Raum zugewiesen werden.

Das Schlangenfadendekor hat seinen Namen durch den Verlauf der Fadenauflagen erhalten, die den Eindruck von Schlangenkörpern erwecken. Bei dem Kelchglas links sind die Fäden zusätzlich eingekerbt.

Für Emailmalerei wurden mit Wasser angerührte pulverisierte Farbpartikel auf das kalte Gefäß aufgetragen und anschließend im Ofen eingebrannt.

Anhand von Gefäßart und Bemalung lassen sich inzwischen verschiedene Gruppen einteilen. Aus Begram in Afghanistan stammt beispielsweise eine Gruppe von etwa 25 emailierten Bechern, die vermutlich ins spätere 1. oder frühe 2. Jh. n. Chr. datieren. Mit ihnen verwandt sind spätere Glasmalereien aus dem 2. und 3. Jh. n. Chr. Figürliche Darstellungen waren auf den Gefäßen aus Begram entweder in Zonen oder durch rechteckige Rahmen unterteilt. Bei den bisher bekannten Exemplaren überwiegen Kampfdarstellungen und mythologische Szenen, die sich möglicherweise an Wandmalereien orientierten. Einzelne Becher oder auch nur Bruchstücke gleicher Art finden sich in den unterschiedlichsten Bereichen des Römischen Reiches, etwa ein kleines Fragment einer Randzone im tunesischen Thugga/Dougga. Als Produktionsort für diese Gruppe wird das ägyptische Alexandria vermutet.

Goldgläser und Zwischengoldgläser

Verzierungen mit Blattgold gab es durchgehend seit hellenistischer Zeit, herausragende römische Stücke stammen aus dem 3. und 4. Jh. n. Chr. Das Blattgold wurde mit einem Bindemittel oder Wasser auf das kalte geblasene Glas aufgebracht, anschließend das Dekor ausgeschnitten bzw. ausgekratzt und das restliche Blattgold wieder entfernt. Fehlte der Schutz durch eine weitere Glasschicht, konnte sich das auf der Gefäßoberseite anhaftende Blattgold wieder lösen, was bei Stücken aus dem Rheinland häufiger der Fall ist. Gläser dieser Art waren also vermutlich repräsentativ und weniger für eine tatsächliche Benutzung vorgesehen. Bei Zwischengoldgläsern befand sich das Blattgold entweder ebenfalls auf der Oberseite eines Glasgefäßes oder spiegelbildlich angebracht auf seiner Unterseite. Nach Fertigstellung des Motivs wurde das Glas erneut erhitzt und vorsichtig mit einer zweiten Glasblase verbunden bzw. überfangen, damit das Blattgold nicht unter der heißen Temperatur litt. Von vielen Zwischengoldgläsern haben sich nur die runden Bodenstücke mit ihren Bildern erhalten, die zu Medaillons umgearbeitet und häufig als Grabmarkierungen in den Katakomben Roms zweitverwendet wurden. Neben religiösen Darstellungen – vor allem aus dem christlichen und jüdischen Glauben – gibt es Abbildungen von Personen, Tieren, Szenen wie Jagd oder Pferderennen sowie Stadtansichten, aber auch Sinn- und Trinksprüche.

Kameogläser

Die eindrucksvollen Kameogläser mit ihren qualitätvollen Darstellungen hielten sich nur während zwei relativ kurzen Zeitspannen auf dem römischen Markt: das erste Mal zwischen dem letzten Drittel des 1. Jh. v. Chr. und etwa der Mitte oder dem dritten Viertel des 1. Jh. n. Chr. und dann erneut im 4. Jh. n. Chr. Während ihres Vorkommens in der frühen Kaiserzeit wurden nicht nur Glasgefäße, sondern auch Applikationen, Schmuckstücke und Wandeinlagen in Kameoglastechnik hergestellt. Sie alle entstanden innerhalb von etwa zwei bis drei Generationen nach Erfindung der Glasmacherpfeife, d. h. zu einer Zeit, als mit der neuen Herstellungsmethode noch viel experimentiert und ausprobiert, gleichzeitig aber auch mit den bekannten Techniken weiter gearbeitet und Neues entwickelt wurde. Im späteren 1. Jh. n. Chr. kam diese Art des Glaskunsthandwerks aus der Mode bzw. wurde von neueren Gestaltungsarten verdrängt. Die wenigen erhaltenen Kameogläser bestehen aus dunkel- bis schwarzblauem Glas und haben eine opakweiße Überfangschicht.

Lange Jahre wurde als einzige mögliche Herstellungsart ein höchst kompliziertes und zeitaufwendiges Verfahren angenommen, bei dem zuerst eine dunkle längliche Glasblase in einen weißen Glaskörper geschoben (oder in geschmolzenes Glas eingetaucht) werden musste, um anschließend beide gemeinsam zu blasen und in die richtige Gefäßform zu bringen. Nach dem Erkalten des zweischichtigen Überfangglases sollte dann die weiße Außenseite so weggeschnitten und graviert worden sein, dass nur noch das gewünschte Hochrelief auf dem blauen Untergrund übrig blieb. Man vermutete, dass diese anspruchsvollen Glasschneidearbeiten jene hochspezialisierten Kunsthandwerker durchführten, die auch die Glasgemmen schnitten, die »diatretarii«.

Der in Emailtechnik bemalte konische Becher aus dem afghanischen Begram wurde vermutlich in Alexandria hergestellt. Typisch für diese Bechergruppe sind das blütenartige Dekor im oberen Fries, die gelben und roten Trennlinien sowie die figürliche Darstellung in einem Rahmen.

Das Zwischengoldglas war ursprünglich Teil eines Gefäßbodens. In sekundärer Verwendung diente das Medaillon mit der Darstellung von Maria, Petrus und Paulus vermutlich in einer römischen Katakombe als Wandschmuck eines Grabes.

Eine weitere Überlegung war später, dass die frühen Kameogläser nicht geblasen, sondern stattdessen als Überfangglas auf einer Töpferscheibe entstanden und anschließend geschliffen und graviert wurden.

Inzwischen sind viele Glasforscher aber davon überzeugt, dass die Gefäße samt Dekor in einer Form entstanden sind. Zumindest die Herstellung von Kameoschalen und -platten auf diese Art konnte mittlerweile auch experimentell nachgewiesen werden. Dafür wurde zuerst ein Modell aus Wachs oder Ton erstellt, von dem anschließend eine Gipsform genommen wurde. In deren Vertiefungen wurde geschlemmtes weißes Glaspulver eingefügt und getrocknet sowie wenn nötig gesintert – das sollte später das reliefierte Dekor ergeben. Anschließend fügte man heißes blaues Glas in die Form ein und produzierte drehend mit einem Pressstempel das Gefäß. Nach dem Erkalten des Glases konnte die Gipsform ohne Schwierigkeiten abgeschlagen werden. Für Amphoren, Flaschen oder Kannen waren allerdings noch weitere Schritte notwendig. Vermutlich wurde zuerst ebenfalls eine Kameoschale angefertigt und diese sofort im noch heißen Zustand umgedreht auf einem Gipskern in der ungefähren Größe des Pressstempels befestigt. Auf diese Weise lag der Bereich mit dem Dekor auf dem Boden des Gipskerns. Der Schmelzfluss des Glases zog den dicken überhängenden Gefäßrand wahrscheinlich automatisch nach unten und bildete so einen Hals, der mit Werkzeugen weiter zusammengedrückt und geformt werden konnte. Danach wurden – falls vorhanden – die Henkel angesetzt und der Gefäßboden in der gewünschten Form ausgearbeitet.

Vom Feinsten – die Portlandvase

Wohl das bekannteste frühkaiserzeitliche Gefäß aus Kameoglas ist die mit szenischen Darstellungen geschmückte Portlandvase. Produziert wurde sie möglicherweise in Rom selbst bereits im frühen 1. Jh. n. Chr., wahrscheinlich zwischen den Jahren 5 und 25 n. Chr. Der genaue Fundort der Vase bleibt zwar leider unbekannt, doch sie blickt auf eine lange und bewegte Geschichte zurück. So soll sie bereits 1601 zur Sammlung des Kardinals del Monte in Italien gehört haben. Nach dessen Tod wurde sie von der Familie Barberini erworben, in deren Besitz sie für die nächsten ungefähr 150 Jahre verblieb. 1778 wurde sie schließlich vom britischen Botschafter am Hof von Neapel, Sir William Hamilton, gekauft, der sie nach England brachte. 1784 wurde das Stück an die damalige Herzoginwitwe von Portland veräußert und wechselte bereits 1786 in den Besitz ihres Sohnes, des dritten Herzogs von Portland. Der Herzog verlieh die Vase an Josiah Wedgwood, der eine Keramikkopie des Gefäßes herstellte und so für seine Bekanntheit sorgte. Durch den vierten Herzog von Portland kam die Vase 1810 als Leihgabe in das British Museum in London, wo sie mehr als 100 Jahre verblieb. Zwischen 1929 und 1932 befand sie sich bei Christie's und sollte zu einem hohen Preis versteigert werden. Allerdings fand sich kein Käufer, und das Gefäß gelangte wieder zurück ins Museum. 1945 erwarb das British Museum die Glasvase schließlich vom siebten Herzog von Portland.

Der Boden der Portlandvase fehlt vermutlich schon seit der Antike, wahrscheinlich lief sie wie

Die Zeichnung von Rosemarie Lierke zeigt eine Möglichkeit der Kameoglasherstellung.

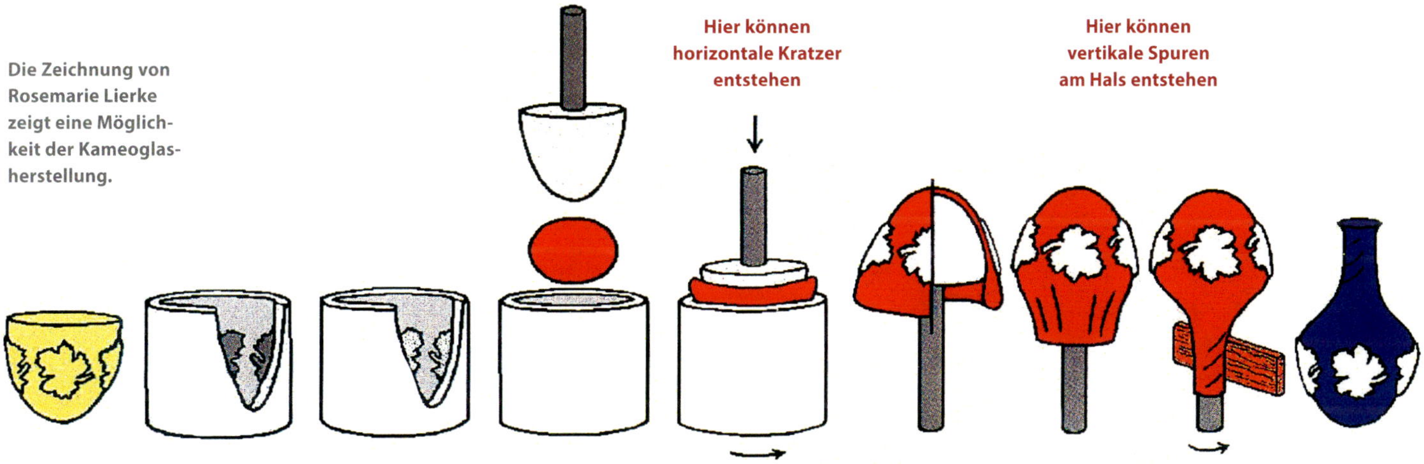

1) Wachsmodell mit Relief

2) Gipsform mit Vertiefungen

3) Glaspulver in die Vertiefungen gefüllt, evtl. mit Bindemittel

4) Glas eingepresst. Heißes Glas schmilzt das Pulver an

5) Gedreht. Gipfsform abgeschlagen

6) Umgestülpt

7) Abgesenkt. Rand fließt

8) Rand angedrückt

9) Abgekühlt

Links: Die Portlandvase ist wohl das weltweit bekannteste Gefäß aus Kameoglas. Das Bild zeigt Seite A der Vase, die Darstellungen gehören in den mythologischen Bereich.

vergleichbare Gefäße nach unten spitz zu. Als Ersatz für den fehlenden Boden wurde spätestens 1826 eine Kameoglasscheibe angefügt, die aber bereits seit 1845 im British Museum separat ausgestellt wird.

Auf dem Vasenkörper verläuft ein Fries mit figürlichen mythologischen Szenen, deren genaue Interpretation noch immer Stoff für Diskussionen liefert. Auf der einen Seite der Vase (Seite A) ist links ein Torbau angedeutet, rechts und mittig im Hintergrund steht jeweils ein Baum. In der Mitte sitzt eine Frau mit einer Schlange auf einem niedrigen Felsen. Sie ist einem jungen Mann zugewandt, der sich ihr von links nähert; sein linker und ihr rechter Arm sind miteinander verschlungen. Über der Frau schwebt ein Amor mit Pfeil und Bogen, er blickt zurück auf den jungen Mann. Ein bärtiger Mann auf der rechten Seite beobachtet das Geschehen. Der Fries auf der anderen Vasenseite (Seite B) zeigt mittig eine halb liegende Frau auf einer Felsformation mit einer nach unten gerichteten Fackel, im Hintergrund befindet sich ein Baum. Links der Frau sitzt neben einem Pfeiler ein ihr zugewandter Mann auf dem Felsen, rechts etwas abgesondert auf einem weiteren Felsen eine Frau mit Zepter. Unter den beiden Henkeln des Gefäßes befindet sich jeweils eine Maske. Alle abgebildeten Personen sind teilweise oder vollständig unbekleidet, was auf einen mythologischen Kontext verweist. Die durch Säulen angedeutete Architektur, die Lorbeerbäume und die Masken könnten auf bacchische Szenen hindeuten. Eine Interpretation deutet die Darstellungen als Vereinigung des Gottes Apollo mit Atia, der Mutter von Kaiser Augustus; andere beziehen sie auf unterschiedliche Paare aus der Sage um Achilles.

Diatretgläser

Bei den spätrömischen Diatretgefäßen des ausgehenden 3. und überwiegend 4. Jh. n. Chr. handelt es sich um Gläser mit einem netzartigen äußeren Dekor, das nur durch schmale Stege mit dem Innengefäß verbunden ist. Wie bei den Kameogläsern wurde lange Zeit vermutet, dass die Diatretgefäße kunstfertig in mühsamer und zeitintensiver Feinarbeit aus einem dickwandigen Rohling herausgeschliffen wurden – in diesem Fall, bis nur noch das zarte Außendekor und die Verbindungsstege übrig waren. Inzwischen wurde schlüssig nachgewiesen, dass auch diese Rohlinge von Glastöpfern drehend in eine Form gepresst

Der Lycurgosbecher im British Museum in London ist wahrscheinlich das bekannteste Diatretglas mit figürlicher Darstellung.

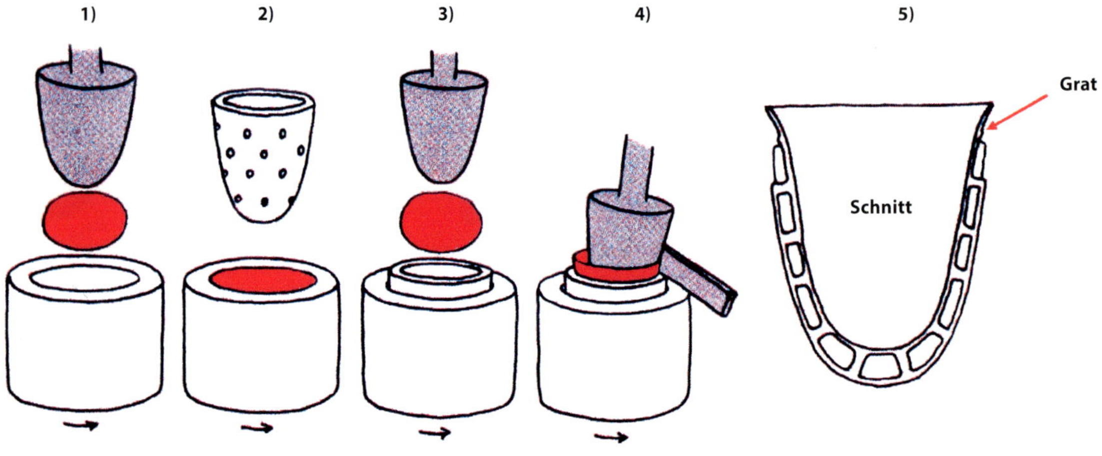

Zeichnung der Diatretglasherstellung nach Rosemarie Lierke:
1) Pressen einer Schale fürs Netz
2) Perforierter Gipsbecher eingesetzt
3) Pressen des Innenbechers mit Verbindungsstegen durch den Gips
4) Formen des Randes (ein Grat entsteht)
5) Der doppelwandige Rohling mit Gipszwischenbecher

wurden. Dazu wurde erst ein Becher (oder eine Schale) in der für den Netzüberfang gewünschten Farbe in die Form gedreht und in diesen direkt ein perforierter Zwischenbecher aus Gips eingesetzt. Durch das Einpressen eines weiteren Gefäßes aus farblosem Glas entstand der Innenbecher; das durch die Perforationen gedrückte Glas bildete gleichzeitig die Brücken zwischen innerem und äußerem Gefäß. Nach dem Erkalten erfolgte das Ausschneiden und Schleifen des äußeren Netzes, anschließend mussten noch die Verbindungsstege zurechtgeschliffen werden. Auf gleiche Weise wurden vermutlich auch die Figurendiatrete hergestellt. Das wahrscheinlich bekannteste Exemplar dieser Gattung ist der so genannte Lykurgosbecher. Ursprünglich war er im Besitz der Familie Rothschild, die ihn Mitte des 19. Jh. erwarb. Vermutlich im selben Jahrhundert erhielt der Becher eine vergoldete Bronzefassung am Rand und einen Standfuß. Das Gefäß besteht aus opakgrünem Glas, das bei Beleuchtung von innen purpurrot und durchsichtig wird. Szenisch dargestellt ist Leiden und Tod des mythischen thrakischen Herrschers Lykurgos als Strafe für die Verfolgung einer Mänade: Die fliehende Mänade Ambrosia wird zum Schutz vor ihm von ihrer Mutter Gaia, der Erde, in eine Erdspalte gezogen und in einen sprechenden Rebstock verwandelt, dessen Reben Lykurgos umschlingen und würgen.

Diatretgläser galten lange als Trinkgefäße, doch seit den späten 1980er-Jahren ist ihre Funktion als hängende Lampen eindeutig archäologisch belegt: An einem Diatretglas aus dem Corning Museum of Glass in New York befindet sich noch die Originalaufhängung in Form eines dreiösigen Bronzerings mit den dazugehörigen Lampenketten.

Fensterscheiben aus Glas

Eine römische Erfindung

Am Diatretglas von Köln-Braunsfeld sind die schmalen Stege gut zu sehen, die das mehrfarbige netzartige Dekor mit dem farblosen Innenglas verbinden.

Das Diatretglas aus dem Corning Museum of Glass besitzt noch seine originale Bronzeringaufhängung mit den Lampenketten und beweist so die Benutzung als Hängelampe.

Die frühesten Nachweise für gläserne Fensterscheiben stammen aus dem 1. Jh. n. Chr. Es wird angenommen, dass ihr Ursprung in Italien – wahrscheinlich sogar in Rom selbst – liegt.

Vor der Erfindung von Fensterglas verwendete man als Einsatz sehr dünn geschnittene Scheiben aus Alabaster oder Marmor, durchscheinende Tierhäute oder nahezu durchscheinenden Glimmer (ebenfalls als Marienglas bekannt). Teils wurden Fenster im warmen Mittelmeerklima wahrscheinlich auch überhaupt nicht abgedichtet, sondern blieben offen. Bei einigen der damaligen »Fenster« handelte es sich ohnehin eher um kleine, ritzenförmige Öffnungen, für die keine Abdichtung vorgesehen war.

Nachdem mit Erfindung der Glasmacherpfeife im 1. Jh. v. Chr. die Produktion von größeren Gefäßen möglich geworden war, kam wohl schon wenige Jahrzehnte später erstmals die Idee auf, Scheiben aus Glas für die Fensterverkleidung herzustellen. Diese Entwicklung hängt mit ziemlich großer Wahrscheinlichkeit mit dem Bau öffentlicher Thermen zusammen. Je größer und eindrucksvoller die Bäder ausfielen, desto ausgefeilter wurden auch ihre Technik und Ausstattung. Durch Glasscheiben konnte Tageslicht ungehindert die Räume durchfluten, was die Beleuchtung einfacher und gleichzeitig kostengünstiger machte. An schönen Tagen sowie außerhalb des Badebetriebs war es darüber hinaus möglich, durch das Öffnen von Fenstern bzw. Oberfenstern die Belüftung zu regulieren. Auf diese Weise konnte Frischluft zu- sowie verbrauchte Luft und Luftfeuchtigkeit abgeführt werden.

Nachdem die Glasfenster ihren Anfang vermutlich in öffentlichen Gebäuden genommen hatten, dauerte es nicht lange, bis sie auch in privaten Bädern und Wohnräumen der wohlhabenden Oberschicht Einzug hielten. In den folgenden Jahrhunderten wurden Fensterscheiben neben der privaten Nutzung weiterhin hauptsächlich in großen öffentlichen Gebäuden verwendet wie in Thermen, Basiliken sowie in spätantiken/frühchristlichen Kirchen.

Fensterscheiben in römischen Quellen

Die frühesten literarischen Nachweise für Fensterglas stammen erst aus dem fortgeschrittenen 1. Jh. n. Chr.; zu dieser Zeit waren sie bereits etabliert und keine Neuheit mehr. Die lateinische Bezeichnung für eine Fensterscheibe lautet »specularia« oder »specularis«. In seinen 65 n. Chr. veröffentlichten Briefen über die Ethik erwähnt der römische Schriftsteller Lucius Annaeus Seneca (4 v.–65 n. Chr.) als Erster den Einsatz von Fensterglas in Bädern als eine neue Errungenschaft und vergleicht sie mit dem einfachen Bad des republikanischen Staatsmannes Publius Cornelius Scipio Africanus, das nur durch Ritzen in den Wänden erhellt wurde. Seneca nennt dabei Fensterscheiben (specularia) und Glas (vitrum) als Bestandteil der öffentlichen Thermen seiner Zeit im Gegensatz zu Scipios Bad, »wenn die Decke nicht von Glas verhüllt wird« (Epistulae morales ad Lucilium 86, 6). Des Weiteren schreibt er: »Doch heute spricht man von »Schaben«-Bädern, wenn sie nicht so eingerichtet sind, dass sie den ganzen Tag über die Sonne durch weite Fenster einlassen, wenn man nicht baden zugleich und sich bräunen lassen kann, wenn man nicht aus der Badewanne freien Blick auf Äcker und Meere hat« (86, 8) und »welch anspruchsloser Bäuerlichkeit zeihen nun manche Scipio, dass er nicht in sein Warmbad durch breite Fensterscheiben das Tageslicht einließ« (86, 11) (Übersetzung nach M. Rosenbach).

Dass Fensterscheiben z. B. auch schon früh in Treibhäusern Verwendung fanden, ist ebenfalls überliefert. So berichtet Plinius der Ältere in seiner Naturgeschichte über die Vorliebe von Kaiser Tiberius (42 v.–37 n. Chr.) für Gurken und dass für deren ganzjährigen Anbau Fensterscheiben verwendet wurden (Naturgeschichte XIX, 64): »Sie wächst außerhalb der Stadt und wurde von Kaiser Tiberius mit besonderer Leidenschaft verlangt. Ja, sie fehlte ihm an keinem Tage, (denn) die Gärtner schoben ihre beweglichen Beete auf Rädern in die Sonne und brachten sie an winterlichen Tagen wieder unter den Schutz der Treibhausfenster zurück.« (Übersetzung nach R. König). Auch der Dichter Marcus Valerius Martialis (40–102/104 n. Chr.) verweist in seinen Epigrammen (8, 14) auf »specularia« als Bestandteil eines Treibhauses bzw. eines Konservatoriums.

Bedauerlicherweise geben die Quellen häufig aber nicht preis, aus welchem Material die Fensterscheiben bestanden. Dank den ausführlichen Beschreibungen von Plinius in seiner Naturgeschichte (XXXVI, 160 ff.)

ist bekannt, dass für Fensterscheiben auch »lapis specularis«, also durchscheinender Stein, verwendet wurde. Hier steht »specularis« folglich nicht für gläserne Fensterscheiben, sondern für Spiegelstein, von dem in diesem Fall wohl die weiße Variante gemeint war. Plinius erwähnt zudem einen weiteren durchscheinenden Stein aus Arabien (Naturgeschichte XXXVI, 163): »Juba berichtet, dass auch in Arabien ein nach Art des Glases durchscheinender Stein vorkomme, den man anstelle von Spiegelsteinen verwendete.« (Übersetzung nach R. König).

Archäologische Nachweise für den Einsatz von Spiegelsteinen als Fensterscheiben stammen unter anderem aus Pompeji. Dort wurden im Haus des Cuspius Pansa mehrere 22 cm × 16 cm große Scheiben aus durchscheinendem Stein gefunden. Entsprechende Scheiben, etwa 32 cm × 32 cm groß, sind auch aus Rochester in England bekannt. Man kann daher nicht bei allen schriftlichen Hinweisen auf »specularia« automatisch davon ausgehen, dass sich die antiken Autoren auf Glasfenster beziehen. Wird in den Beschreibungen nicht weiter auf das Material der Scheiben eingegangen oder handelt es sich um einen Rückblick auf das frühe 1. Jh. n. Chr., muss offen bleiben, ob es sich tatsächlich um gläserne Exemplare handelt.

Zwei Papyri aus dem ägyptischen Oxyrhynchus

Um große öffentliche Bauten mit Glasfenstern zu versehen, waren Unmengen von Scheiben erforderlich. In einem ägyptischen Papyrus aus dem Jahr 326 n. Chr. wird für die beheizbaren Räume der öffentlichen Bäder von Oxyrhynchus eine benötigte Menge von 6000 Pfund Glas angegeben. Geschätzt könnten daraus etwa 240 m^2 an Fensterglas hergestellt werden. Es besteht aber durchaus auch die Möglichkeit, dass es nicht für Fensterscheiben, sondern für eine Ausgestaltung der Wände mit Mosaiken aus gläsernen »tesserae« vorgesehen war. In einem weiteren Papyrus von Oxyrhnchus vom 26. November 317 n. Chr. stellt ein Mitglied der Glasarbeitergilde für 100 Pfund Glas 4 Talente in Rechnung, was 6000 Denar und damit 60 Denar pro Pfund entspricht. Verglichen mit dem Preis von 24 Denar pro Pfund für das als am wertvollsten angesehene alexandrinische Rohglas zur Gefäßherstellung aus dem Diokletianischen Preisedikt von 301 n. Chr. erscheint diese Preisentwicklung innerhalb von 16 Jahren auf den ersten Blick logisch. Tatsächlich gab es damals aber eine extrem hohe Inflationsrate, womit der Preisanstieg viel zu gering wäre. Aus diesem Grund wird vermutet, dass es sich bei dem im Papyrus von 317 n. Chr. beschriebenen Glas um preiswerteres Fensterglas handelt.

Lichtdurchlässig und wetterabweisend

Im Gegensatz zu heutigen Fenstern waren die gläsernen Scheiben des 1. Jh. n. Chr. noch nicht durchsichtig und farblos. Je nachdem, wie stark das Material mit natürlichen Verunreinigungen versetzt und wie ausgeprägt der Eisengehalt des Quarzsandes war, besaß es die unterschiedlichsten Farbspektren von Blaugrün über Saftgrün bis hin zu Braungrün. Dementsprechend war das Glas auch nur durchscheinend und nicht durchsichtig und diente vor allem zur Lichtdurchlässigkeit und als Schutz gegen Wettereinflüsse. Wenn also in frühkaiserzeitlichen Quellen der Ausblick durch ein Fenster geschildert wird – wie etwa Gaius Plinius Caecilius Secundus (Plinius der Jüngere, 61–112 n. Chr.) in seinen Briefen den Meerblick beschreibt, den man vom Warmbad seiner laurentinischen Villa aus genießen kann (Epistulae 2, 17, 11) –, ist anzunehmen, dass es sich um Fensterscheiben handelte, deren Rahmen sich bei gutem Wetter herausnehmen ließen. Dank einer Stelle in Senecas Briefen wissen wir, dass dieses Vorgehen in privaten Bädern nicht unüblich war (Epistulae morales ad Lucilium 86, 8 und 90, 25). Auf diese Weise konnten niedrigere Fenster einen Blick nach draußen gestatten, höher gelegene zur Belüftung beitragen.

Vor allem in öffentlichen Thermen wird die doppelte Funktion von Beleuchtung und Luftaustausch deutlich. In einigen wenigen Fällen ist sogar eine Doppelverglasung nachgewiesen. Genauer gesagt handelt es sich dabei um zwei getrennte Systeme von Rahmen und Verglasung. So gab es in den Suburbanen Thermen von Herculaneum zwei hintereinandergesetzte Fensterrahmen im Abstand von 10 cm, in die jeweils wohl quadratische Scheiben von 80 cm × 80 cm eingebracht waren. Die nach Norden gerichteten Fenster konnten außerdem zusätzlich mit hölzernen Läden verschlossen werden und boten so weiteren Schutz gegen die Witterung.

Steinerne Konsolen bzw. Kragsteine (consoles), von denen Holzverschlüsse wie Fensterläden herabgehängt werden konnten, kennt man ebenfalls sowohl im Westen als auch im Osten des Römischen Reiches. Beispiele stammen unter anderem aus Bädern im italienischen Ostia, den Bädern des 4. Jh. n. Chr. im französischen Arles (dort in einer nach Norden gelegenen Apsis) und den südlichen Bädern von Bosra im südwestlichen Syrien. Anscheinend war es also durchaus gebräuchlich, Fenster zusätzlich mit hölzernen Paneelen zu verschließen. Das war vor allem dann sinnvoll, wenn sie nach Norden ausgerichtet und so besonders anfällig für Wärmeverlust waren. Im Caldarium der Thermen des Neptun in Ostia erhielt die Nordseite sogar ganz besonderen Schutz

Die Rekonstruktionszeichnung aus den Suburbanen Thermen in Herculaneum zeigt die hintereinander verlaufenden Doppelfenster, die dort als Wetterschutz verwendet wurden.

durch einen beheizbaren Korridor mit Glasfenstern auf beiden Seiten, durch den die warme Luft ziehen konnte.

Archäologische Nachweise

Gläserne Fensterscheiben waren auch in Pompeji und Herculaneum zur Zeit des Vesuvausbruchs 79 n. Chr. schon recht gebräuchlich. So wurde im Haus des Gaius Julius Polybius in Pompeji eine 51 cm × 45,5 cm große Fensterscheibe gefunden. In Herculaneum gibt es einen Nachweis aus dem Peristyl des Hauses mit dem Mosaikatrium. Für das frührömische Militärlager auf dem Magdalensberg in Österreich wird Fensterglas sogar bereits für das beginnende 1. Jh. n. Chr. angenommen; bei der Aufgabe des Lagers um 45 n. Chr. war es nachweislich weit verbreitet.

Fensterglas lässt sich inzwischen an den meisten römischen Ausgrabungsplätzen dokumentieren, wenn auch oft nur in verhältnismäßig kleinen Fragmenten. Die Funde konzentrieren sich vor allem auf die Umgebung von Badegebäuden und Wohntrakten. Wer sich Fensterglas nicht leisten konnte, griff sicher auch in späteren Zeiten noch auf kostengünstigere Alternativen der Fensterverkleidung zurück, etwa aus organischem Material. Für Nebengebäude blieb dies gewiss weiterhin die Regel. Es gibt aber auch Fensterglas im Bereich von Limestürmen, demnach beschränkte es sich also nicht auf Gebäude mit gehobener Ausstattung.

Im türkischen Sardis übertreffen die Funde von spätrömischem und byzantinischem Fensterglas vom 5. bis frühen 7. Jh. n. Chr. gewichtsmäßig sogar die des Gefäßglases. Ihrer Menge nach zu urteilen gehörten sie wahrscheinlich zu Tausenden von Fensterscheiben. Geborgen wurden die meisten Stücke in den Bereichen um die byzantinischen Läden, die Synagoge und das Gymnasium. Auch in Marea, einer Hafenstadt am Lake Maryut, rund 45 km westlich von Alexandria, stieß man bei der Ausgrabung einer spätantiken/frühbyzantinischen Badeanlage auf eine überaus große Menge an Fensterglas und einige Reste dazugehöriger Fensterrahmen.

Gegossenes und geblasenes Fensterglas

Römisches Fensterglas konnte auf unterschiedliche Weise hergestellt werden. Am häufigsten nachgewiesen ist das seit dem 1. Jh. n. Chr. vermutlich in eine Form gegossene, durchscheinende Fensterglas. Es ist auf der einen Seite glatt und oft uneben, auf der anderen matt oder rau. Glasscheiben dieser Art sind dickwandig, die Stärke nimmt zum Rand hin meist zu. Auch innerhalb einer Scheibe kann die Stärke deutlich variieren, teilweise zwischen 0,1 und etwa 0,6 cm. Die Qualität der Scheiben ist sehr unterschiedlich. Es finden sich sowohl fast blasenfreie als auch sehr blasige Stücke, mit teils starken Verunreinigungen. Interessanterweise existierten laut Diokletianischem Preisedikt zumindest im 4. Jh. n. Chr. auch zwei verschiedene Qualitätsstufen für Fensterglas: »specularis optimi« und »specularis secundi«. Die Preisdifferenz zwischen beiden Varianten betrug pro Pfund zwei Denar.

Während die Scheiben in der Frühzeit überwiegend aus blaugrünem Glas bestehen, nehmen ab dem 2. Jh. n. Chr. die Anteile aus saft- oder braungrünem Glas zu. Farblose Fenstergläser stammen hauptsächlich aus dem 2. und 3. Jh. n. Chr. – also aus der Zeit, als sich auch die farblosen Glasgefäße ihrer größten Beliebtheit erfreuten.

Zur Herstellung goss man zähflüssige Glasmasse in eine rechteckige Form oder auf eine Platte mit Rahmen. Alternativ wird inzwischen auch ein freihändiges

Ausformen der Scheiben postuliert. Während die obere Seite durch den Glasfluss glatt, aber uneben ist, kommt es auf der Unterseite zur Flüssigkeitsreibung, und diese Seite wird aufgeraut. An den Rändern staut sich der Glasfluss, sodass diese dicker sind. Durch die Oberflächenspannung werden die Kanten abgerundet.

Nach dem Gießen wurde die Masse mithilfe von Zangen in die Ecken und zu den Rändern gezogen. Abdrücke dieser Zangen haben sich immer wieder auf Fragmenten erhalten. Als Arbeitsunterlage dienten wahrscheinlich nasses Holz, Stein (z. B. Kalkstein) oder Ziegelplatten. Manchmal sind auf der Unterseite des Glases sogar noch Abdrücke des Holzes bzw. der Holzmaserung erkennbar. Um ein Anhaften des Glases zu verhindern, wurde vermutlich Sand auf die Unterlage gestreut. Zum Teil ähneln kleinere Fragmente Bruchstücken von Vierkantkrügen und können nur anhand ihrer unebenen Oberfläche oder des erhaltenen Rands als Fensterglas identifiziert werden. Die raue Unterseite des gegossenen Glases, die in den Fenstern mit großer Wahrscheinlichkeit nach außen zeigte, wurde mitunter nachgeschliffen.

Da nur wenige solcher Glasscheiben vollständig erhalten blieben, ist eine Aussage über die zu erwartende Größe schwierig. Ihre Seitenlänge kann zwischen ca. 20 und 100 cm variieren. Die meisten der rechteckigen Scheiben maßen wohl 20 bis 35 cm. In Frimmersdorf (Nordrhein-Westfalen) wurde eine vollständig erhaltene gegossene Fensterscheibe ausgegraben, die 50 cm × 40 cm groß und 3 mm dick ist.

Zur Befestigung der Fensterscheiben in der Wand gibt es mehrere Methoden. In Herculaneum haben sich Scheiben erhalten, die mit Mörtel direkt in die Wand eingeputzt wurden. Eine weitere Möglichkeit waren Gitterahmen aus Holz, Stein oder Metall, in die mehrere Glasscheiben eingesetzt wurden. Auf diese Weise konnte man in den Thermen auch große Fensterfronten einbauen, wie es z. B. für die Faustinathermen in Milet (Türkei) nachgewiesen ist. In den Forumsthermen in Pompeji wurde ein drehbarer Bronzerahmen mit vier kleinen Glasscheiben ver-

In den meisten Fällen sind nur wenige Fragmente von gegossenem Fensterglas erhalten. Nur selten lassen sich mehrere Fragmente wie hier zu größeren Fensterscheiben zusammensetzen.

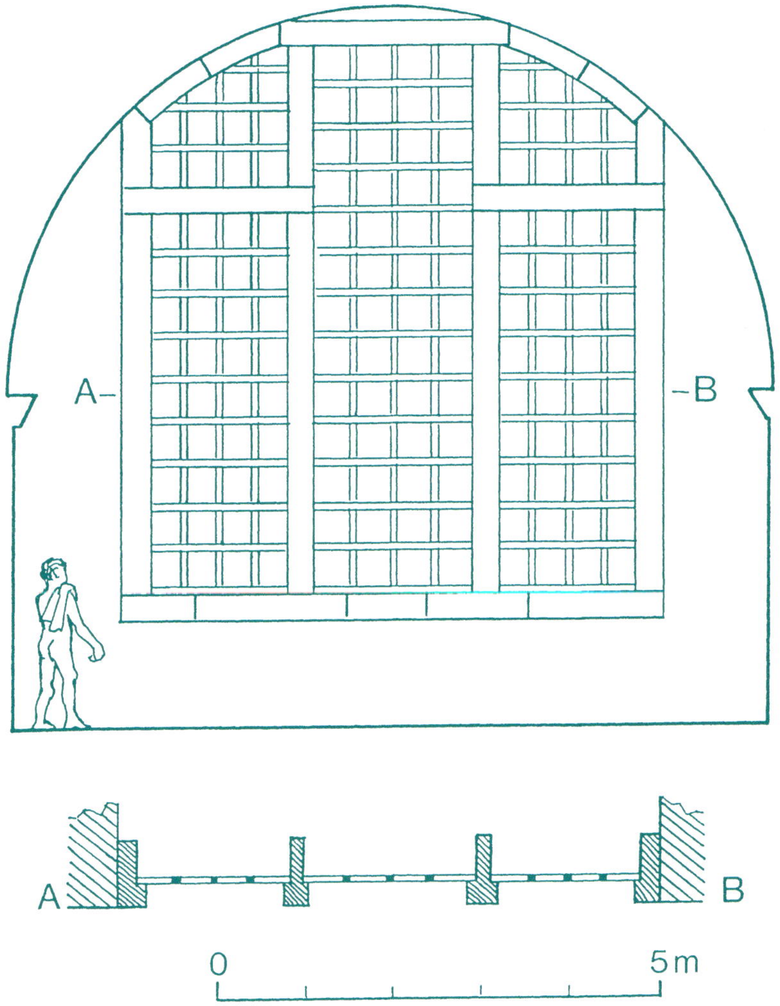

Die gläserne Fensterfront in den Faustinathermen von Milet war von beeindruckender Größe. Ohne Gitterrahmen wären Fenster in diesen Ausmaßen allerdings nicht möglich gewesen.

wendet, mit dem man den Raum gleichzeitig belüften konnte. Eine Umrandung aus Blei ist für das 3. Jh. n. Chr. aus dem nordfranzösischen Creil belegt.

Die zweite Herstellungsart für Fenstergläser war aufwendiger und damit sicher auch teurer: Mit einer Glasmacherpfeife wurde das Glas zuerst in eine Zylinderform geblasen und anschließend aufgeschnitten. In einem dritten Arbeitsschritt musste es im Streckofen abgerollt und geglättet werden. Dabei konnte die Seite, die im Streckbett auflag, ein gehämmertes Aussehen erhalten. Dieses Verfahren ist auch im Mittelalter noch üblich und wurde im frühen 12. Jh. n. Chr. vom Benediktinermönch Theophilus Presbyter beschrieben.

Römisches zylindergeblasenes Fensterglas ist auf beiden Seiten glatt und relativ dünn, oft nur zwischen 0,1 und 0,4 cm dick. Auch hier variiert die Stärke leicht innerhalb einzelner Bruchstücke. Die Fragmente können naturfarben sein (Glas, das nicht gefärbt oder entfärbt wird, variiert zwischen Blaugrün, Saftgrün und Bräunlich), aber auch farblos. In der römischen Kaiserzeit kommt es allgemein seltener vor als gegossenes Fensterglas. Untersuchungen im Rheingebiet ergaben ein Verhältnis von gegossenem zu geblasenem Fensterglas von etwa neun zu eins. Natürlich kann das zumindest teilweise auch daran liegen, dass kleine Fragmente von geblasenem Fensterglas leicht auch für Reste von Gefäßen wie etwa von Vierkantkrügen oder -flaschen gehalten werden können. Ein vollständiges Stück wurde bisher nicht ausgegraben, sodass sich über die mögliche Größe der Scheiben keine Aussage machen lässt. Eindeutig datierbare Funde stammen erst aus dem 3. und 4. Jh. n. Chr. Angewandt wurde das Verfahren aber wohl schon ab dem späten 2. Jh. n. Chr.

Auch das im Mittelalter verwendete Mondglas (ebenso als Kronglas bezeichnet und in seiner Herstellung ähnlich dem kleineren Butzenglas) war in der römischen Kaiserzeit bereits bekannt, wurde aber vor allem im östlichen Reichsteil zur Herstellung von runden Fensterscheiben verwendet. Dabei mussten mit der Glasmacherpfeife große Schalen geblasen werden, die der Handwerker durch Rotation der Pfeife um ihre Längsachse zu flachen Scheiben auftrieb. Vor allem aufgrund von Funden aus Gerasa/Jerash in Jordanien und Samaria wird häufig vermutet, dass diese Form des Fensterglases im 4. Jh. n. Chr. im Nahen Osten aufgekommen war, bis in das 6. Jh. n. Chr. ihren Weg nach Italien gefunden und sich von dort weiter innerhalb Europas verbreitet hat. Gegen diese Theorie spricht allerdings, dass es auch schon aus dem 4. Jh. n. Chr. Funde von Mondglas in Britannien gibt. Zudem wird in der jüdischen Mischna bereits um etwa 200 n. Chr. auf Fenstergläser verwiesen, die wie Gefäße geformt sind. Falls damit Formen wie Teller oder Schalen gemeint sind, dürfte es sich auch hier um Mondglas handeln. Damit besteht die Möglichkeit, dass diese Fensterglasart bereits im späten 2. Jh. n. Chr. existierte. Im 4. Jh. n. Chr. waren die runden Fensterscheiben dann vermutlich geografisch weit verbreitet, wurden aber im Westen des Reiches eher selten verwendet. Der Durchmesser des Mondglases in spätrömischer Zeit scheint laut Literatur zwischen 12 cm und 26 cm zu variieren.

»Industrielles« Produktionszentrum
Spätrömische Glashütten im Hambacher Forst

Im waldreichen Hambacher Forst in der niederrheinischen Bucht bei Jülich ist für das 4. und die erste Hälfte des 5. Jh. n. Chr. Glasproduktion im großen Stil nachgewiesen. Das über eine weite Fläche archäologisch untersuchte Gebiet liegt ungefähr 35 km westlich von Köln in der Eifel. Südlich der alten römischen Straßenverbindung von Köln nach Bavay befanden sich 33 römische Gutshöfe (villae rusticae) der frühen und mittleren Kaiserzeit, auf deren Areal sich in der Folge ein ausgedehntes Produktionszentrum spätantiker Glasherstellung und -verarbeitung mit sechs Glashütten und 37 Glasöfen entwickelte. Der Standort wurde damals gut gewählt, denn die benötigten Rohstoffe wie ausreichende Mengen an Holz zum Befeuern der Öfen sowie Wasser waren in der Umgebung vorhanden. Die günstige Verkehrsanbindung an die nur etwa 3 km entfernte römische Fernstraße garantierte gute Absatzmöglichkeiten in den nahe gelegenen Städten Köln und Jülich.

Entdeckt wurden die römischen Siedlungsareale in den späten 1970er-Jahren, als im Zuge des Braunkohletagebaus großräumige Ausgrabungen stattfanden. Seitdem erfolgten umfangreiche archäologische Untersuchungen sowie weiterführende naturwissenschaftliche Analysen und Auswertungen. Allerdings haben sich aufgrund der starken Bodenerosion und der landwirtschaftlichen Nutzung von den Anlagen leider nur die Grundstrukturen erhalten. Die sechs nachgewiesenen Glashütten – HA (= Hambach) 59, HA 75, HA 111, HA 132, HA 382 und HA 500 – verteilen sich über ein Gebiet von rund 15 km^2. Archäologisch dokumentiert wurden Strukturen von Gebäuden, verschiedenen Ofenarten und Abfallgruben. Die 37 bisher erforschten Glasöfen bestanden aus unterschiedlichen Gesteinen, Ziegeln und gebranntem Ton. Man kann allerdings nicht automatisch davon ausgehen, dass sie alle zeitgleich in Benutzung waren. Allem Anschein nach gehörten die Öfen nicht zu einzelnen, getrennt voneinander operierenden Werkstätten, sondern bildeten einen zusammengehörigen Betrieb. Mutmaßlich zogen die Glasmacher mit ihren Werkstätten immer dann weiter, wenn der lokale Brennstoffvorrat am jeweiligen Fundplatz im Hambacher Forst ausgeschöpft war. Dieses Vorgehen kennt man auch von mittelalterlichen und frühneuzeitlichen Waldglashütten. Trifft dies gleichermaßen auf die Werkstätten im Hambacher Forst zu, dann waren die Öfen zu verschiedenen nicht näher eingrenzbaren Produktionszeiten in Betrieb.

Arbeitsöfen

Römische Arbeitsöfen für die Herstellung von geblasenen Glasgefäßen hatten einen ringförmigen Grundriss und einen Innendurchmesser von 80 cm bis 120 cm (s. S. 12). Somit boten sie Platz für jeweils einen Schmelzhafen, der im größtmöglichen Fall einen Innendurchmesser von 37 cm, eine Höhe innen von 18 cm sowie eine Wandstärke von etwa 1,2 cm aufweisen konnte. Ein solcher Hafen fasste zwischen ca. 6 und 10 l Flüssigkeit, was ungefähr 15 bis 25 kg Glasschmelze entsprach.

Die einzigen römerzeitlichen Abbildungen eines derartigen Arbeitsofens finden sich auf zwei formgleichen tönernen Öllampen des 1. Jh. n. Chr. aus dem dalmatischen Asseria und dem italienischen Ferrara (s. Abb. S. 62). Auf der besser erhaltenen Lampe aus Asseria ist rechts ein Glasbläser dargestellt und auf der linken Seite ein weiterer Arbeiter. In der Mitte des Lampenspiegels ist der etwa 1 bis 1,2 m hohe Ofen zu sehen, aus dessen Abzug Flammen schlagen. In seinem vorderen Bereich ist deutlich eine Öffnung sichtbar, durch welche die Glasschmelze entnommen werden konnte, rechts davon befindet sich eine Märbelplatte. Wahrscheinlich ragten mindestens drei Konsolen aus der Innenwand der Öfen, um den Hafen in Position zu halten. Dieser musste von den Flammen nahezu vollständig umfasst werden, damit er die für die Schmelze notwendige Temperatur erreichte. Ausgrabungsbefunde legen nahe, dass diese Arbeitsöfen relativ einfach konstruiert und auch nicht immer mit einer Basisplatte unter der Feuerung ausgestattet waren. Vermutlich hielten sie nicht länger als eine Saison.

Die Hambacher Öfen hatten einen Unterbau mit Feuerungskanal, wie er bei vielen archäologischen Untersuchungen in Deutschland und auch in Frankreich dokumentiert wurde. Diese Unterbauten konnten aus unterschiedlichem Gestein, aber auch aus Ziegeln oder aus einer Mischung beider Materialien bestehen.

Kühlöfen

Im Hambacher Forst wurden auch die Unterbauten von Kühlöfen ausgegraben, die aufgrund ihrer Funktionsweise anders konstruiert waren als Arbeitsöfen. Über einer Bodenplatte besaßen sie einen halbkreisförmigen Feuerraum. Eine vermutlich halbhohe Mauer trennte den Heizraum vom Kühlraum, der eine etwa 1 bis 2 m² große Grundfläche aufwies. Darin wurden die fertig geblasenen Gefäße von ungefähr 500 °C langsam auf Außentemperatur abgekühlt und das Glas entspannt – ein Vorgang, der etwa 24 Stunden in Anspruch nahm. Zu Beginn des Abkühlungsprozesses war der Heizraum noch voll in Betrieb, die Temperatur wurde dann nach und nach zurückgenommen. Der Boden des Kühlraums war durch die aus dem Heizraum kommende Hitze verziegelt, seine Überdeckung hat sich bisher leider noch bei keinem Ofen erhalten. Möglicherweise bestand sie aus einer liegenden Halbtonne. Vermutlich konnte in einem solchen Kühlofen die Tagesproduktion von zwei oder drei Arbeitsöfen untergebracht werden. Ein vom Grundriss her ähnlich aufgebauter Kühlofen wurde im französischen Autun archäologisch erforscht. Er hatte eine Grundfläche von 1,7 m² und datiert in die Zeit zwischen der Mitte des 2. und der Mitte des 3. Jh. n. Chr.

Rohglasofen

In einer der Werkstätten (HA 111) wurde noch eine weitere Ofenform freigelegt: ein 2 m × 1,7 m großer und 0,5 m hoher quaderförmiger Unterbau, konstruiert aus mehreren Schichten von Ziegeln und Mörtel und zusätzlich umrandet mit Mauerwerk. Allem Anschein nach handelt es sich dabei um den Unterbau eines so genannten Tankofens zur Rohglasproduktion mit einer Grundfläche von 3,4 m². An der Schmalseite im südlichen Bereich könnte ein halbrunder Ansatz eventuell zur Basis eines Flammenabzuges gehören, auf der nördlichen Schmalseite befinden sich flache Überreste einer Grube mit verkohlten Holzresten. Im Tankofen stand üblicherweise eine Wanne zur Rohglasschmelze, die Bedeckung war vermutlich halbtonnenförmig. Der quaderförmige Unterbau sorgte dank seiner guten Isolierung für eine hohe Wärmekapazität des Ofens. Ähnliche Rohglasöfen sind in Israel aus dem 6. oder 7. Jh. n. Chr. für Bet Eli'ezer (zwischen Tel Aviv und Haifa gelegen) und wahrscheinlich aus dem frühen 9. Jh. n. Chr. für Bet She'arim (zwischen Haifa und Nazareth) überliefert. Angenommen, die Glasschmelze stand im Tankofen im Hambacher Forst 22 cm hoch in der Wanne, dann konnten bei einem einzigen Vorgang 0,8 m³ Glas geschmolzen werden; das entspricht etwa 1,8 t Material. Verglichen mit den Öfen in Israel ist das eine relativ kleine Menge. Im Rohglasofen von Bet She'arim war die Grundfläche der Schmelzwanne doppelt so groß und die geschmolzene Glasmasse 45 cm dick. Für den noch größeren Tankofen von Bet Eli'ezer kommt man bei einer hypothetischen Füllhöhe der Wanne von 45 cm sogar auf 3,5 m² und ungefähr 8 bis 9 t Glasschmelze.

Hambach 132

Die Anlage Hambach 132 war in der frühen und mittleren Kaiserzeit mit 5,2 ha die größte ländliche Streuhofsiedlung im Hambacher Forst. Gegründet wurde die villa rustica Mitte des 1. Jh. n. Chr., anschließend war sie durchgehend bis in das späte 3. Jh. n. Chr. bewohnt. Wie für die Mischwirtschaft der damaligen Zeit üblich, wurde neben Getreide- und Obstanbau auch Viehzucht in geringerem Ausmaß betrieben. Zu einem unbekannten Zeitpunkt nach 273 n. Chr. verließen die Bewohner den Gutshof. Dieser terminus post quem ist dem besonderen Glücksfall zu verdanken, dass auf einer Ofenplatte im zentralen Raum des Hauptgebäudes zehn Münzen in einem Beutel gefunden wurden. Für ungefähr eine Generation blieb das Areal ungenutzt, bevor sich zu Beginn des 4. Jh. n. Chr. eine Glaswerkstatt im Hofbereich neben dem Hauptgebäude der bereits verfallenden Siedlungsanlage einquartierte und dort bis etwa zur Mitte des 5. Jh. n. Chr. produziert. Teile des ehemaligen Hauptbaus wurden von den Neuankömmlingen nun wieder bewohnt, die Glaswerkstatt selbst lag in den ersten Jahrzehnten nördlich des Hauptgebäudes. Um die Mitte des 4. Jh. n. Chr. wurde sie allerdings aufgegeben und von einer Werkstatt jetzt südlich des Gebäudes abgelöst. Die neue Arbeitsstätte wurde allem Anschein nach bis zum Ende der Glasproduktion im zweiten Viertel oder um die Mitte des 5. Jh. n. Chr. genutzt.

Beide Werkstätten bestanden aus einer Art in Ständerbauweise errichteten Werkhalle, in der sich geschützt vor Wettereinflüssen jeweils mehrere Öfen befanden. Diese waren für alle Arbeitsschritte der Glasherstellung ausgelegt: Es gab Rohglas-, Arbeits- und Kühlöfen. Fabrikationsabfälle wurden in den dortigen Arbeits- und Abfallgruben – wie nicht anders zu erwarten – kaum entdeckt, da Fehlbrände direkt wieder eingeschmolzen wurden. In Hambach 132 ist es möglich, den kompletten Arbeitsprozess der damaligen Zeit nachzuvollziehen: angefangen von der Rohglasproduktion über die Weiterverarbeitung zu

Gefäßen bis hin zum Abkühlungsprozess der fertigen Glaswaren. Nach hypothetischen Hochrechnungen anhand der zur Glashütte gehörenden Gräber scheinen etwa 10 bis 20 Personen gleichzeitig dort gearbeitet zu haben.

Hochrechnungen der Produktionsmenge

Anhand der Größen der ausgegrabenen Öfen gibt es Versuche, die mögliche Produktionsmenge der Glashütten im Hambacher Forst auszurechnen und anschaulich darzustellen. Dabei ging man allerdings davon aus, dass das Rohglas für alle sechs Hütten zentral im Tankofen hergestellt wurde und die Werkstätten gleichzeitig in Betrieb waren. Die Schmelze des Rohglases dürfte ungefähr eine Woche in Anspruch genommen und etwa 1800 kg ergeben haben. Vorausgesetzt, dass die Glashäfen 15 bis 25 kg Rohglas fassen konnten, hätte die Wochenproduktion des Tankofens im Durchschnitt für die Füllung von etwa 45 Glashäfen ausgereicht. Verteilt man diese auf sechs Glashütten, entspricht das etwa sieben Häfen pro Hütte. Rechnet man wiederum mit einer maximalen Füllmenge jedes Hafens von 38 kg, dann konnten bei einem Durchschnittsgewicht von 250 g ca. 1000 Gefäße hergestellt werden. Das Stundenpensum eines Glasbläsers hing natürlich von der Art der Gefäße ab, die er produzierte. Für ihre Hochrechnungen haben die Forscher Fasskrüge als Beispiel genommen und etwa sechs Exemplare pro Stunde veranschlagt. Bei einer Wochenarbeitszeit von ungefähr 60 Stunden konnte ein Glasbläser hochgerechnet 360 Gefäße fertigstellen. Das würde theoretisch bedeuten, dass drei Glasbläser in der Lage waren, während einer Woche die etwa 270 kg Glasschmelze zu verarbeiten, die ihre Glashütte aus der wöchentlichen Zuteilung erhielt.

Eine allgemeine, nicht auf den Hambacher Forst bezogene Hochrechnung schätzt die mögliche Arbeitsleistung einer durchschnittlichen römischen Glashütte des 2. bis 4. Jh. n. Chr. auf eine Produktionsmenge von etwa 11 000 Gefäßen im Jahr. Umgerechnet entspricht das einer Verarbeitungsmenge von ungefähr 3 t Glasmasse.

In den Glashütten im Hambacher Forst wurden Fasskrüge mit dem Bodenstempel ECVA hergestellt. Diese wurden bis zur Schulter in eine zweiteilige Form geblasen; am Exemplar rechts außen ist deutlich die Naht sichtbar.

Auf einer ECVA-Bodenmarke aus der untersuchten Glashütte Hambach 111 sind deutlich die letzten drei Buchstaben des Namens zu erkennen.

Produktion

Die Hambacher Glashütten waren insgesamt etwa 150 Jahre in Betrieb, ohne dass sich die Zeitspanne für die einzelnen Werkstätten und ihre Öfen bisher weiter eingrenzen oder unterscheiden lässt. Deshalb kann beim derzeitigen Forschungsstand bedauerlicherweise nicht sicher geklärt werden, ob die Glasbläser und -arbeiter gleichzeitig oder zeitlich versetzt ihrem Handwerk nachgingen. Naturwissenschaftliche Untersuchungen von Hafenschmelzen, Rohglas und Gefäßglas führten zum Ergebnis, dass in vier der Hambacher Glashütten Rohglas mit hohem (s. auch S. 99), in den beiden übrigen solches mit niedrigem Eisengehalt verarbeitet wurde. Eventuell könnte dies darauf hindeuten, dass die Rohgläser zu verschiedenen Zeiten produziert wurden – möglich wäre unter Umständen aber auch die Existenz von zwei zeitgleich arbeitenden Tanköfen, von denen einer bislang einfach noch nicht entdeckt wurde. Das im Hambacher Forst hergestellte Rohglas unterscheidet sich in seiner chemischen Zusammensetzung auch von dem Material aus anderen Glashütten wie in Mainz oder Trier. Dank naturwissenschaftlicher Analysen kann so die Produktion bestimmter Glasgefäße für den Hambacher Forst bewiesen werden: Das gilt für die so genannten Fasskrüge mit Bodenstempel ECVA und für Kugelabschnittschalen mit Rautendekor. Die bis zum Schulterbereich in eine zweiteilige Form geblasenen Krüge imitieren Fässer. Ihr bauchiger Körper weist im oberen und unteren Bereich jeweils mehrere Fassreifen auf. Der Hals, die Mündung und ein oder zwei Bandhenkel wurden bei diesen Gefäßen frei ausgearbeitet. Ihr Verbreitungsgebiet haben die ECVA-Fasskrüge aus dem Hambacher Forst entlang des Rheins, hauptsächlich im Gebiet zwischen Mainz und Krefeld. Die Hambacher Glashütten stellten vorwiegend Bestandteile von Tafelgeschirr für das tägliche Leben her, also Becher, Schalen, Platten und Flaschen bzw. Krüge. Einzelne Gefäße wurden aber auch Verstorbenen im Umfeld als Beigaben mit in die Gräber gegeben und haben so die Zeiten überdauert.

Nach der Reichsteilung

Glashandwerk in frühbyzantinischer Zeit

Im Jahre 395 n. Chr. starb mit Theodosius dem Großen der letzte Kaiser, der sowohl über den westlichen als auch den östlichen Teil des Imperium Romanum geherrscht hatte. Die Reichseinheit konnte von seinen Söhnen und Nachfolgern, Honorius, der im Westen regierte, und Aracadius im Osten, sowie auch seinen Enkeln letztlich nicht aufrechterhalten werden. Dementsprechend wird 395 n. Chr. gemeinhin als das Jahr der Teilung des Römischen Reiches bezeichnet, auch wenn aus staatsrechtlichen Gesichtspunkten beide Reichsteile weiterhin als ein gemeinsamer Staat betrachtet wurden: »Die Kaiser regieren in zwei Körpern ein einziges Reich, wie ein stählernes Bollwerk«, so der spätantike Geschichtsschreiber Eunapios von Sardes (ca. 347– ca. 414). Die Grenze verlief auf dem Balkan entlang des Flusses Drina und in Afrika durch die Große Syrte. Die Absetzung des römischen Kaisers Romulus Augustu(lu)s – wohlbekannt dank Friedrich Dürrenmatts »Romulus der Große« – durch Odoaker, einen germanischen Heerführer im römischen Dienst, 476 n. Chr. gilt als Ende des mittlerweile territorial stark geschrumpften Weströmischen Reiches. Das Oströmische Reich hingegen blieb mit seiner Hauptstadt Konstantinopel/Byzanz, dem heutigen Istanbul, bis zur Eroberung durch die Osmanen im Jahre 1453 bestehen, auch wenn es in Folge der islamischen Expansion im 7. Jh. n. Chr. weite Teile seines Herrschaftsgebietes einbüßen musste.

Glas im östlichen Reichsteil

Die spätantike und frühbyzantinische Zeit war eine äußerst fruchtbare Periode der Glasherstellung im östlichen Mittelmeerraum. Schon vor der vermeintlichen Reichsteilung wurden im 3. und 4. Jh. n. Chr. eigene, regionale Formen im Osten entwickelt. Daneben wurde weiterhin ein großer Teil des Glases im typisch römischen Formenspektrum gefertigt. Vor allem in Ägypten, dem syrisch-palästinischen Raum, aber auch in Zypern, Kleinasien und am Schwarzen Meer etablierten sich zahlreiche Glaswerkstätten, die häufig nur den regionalen Bedarf abdeckten. Daneben gab es aber auch große Zentren, deren Produkte überregional verhandelt wurden. Im fortgeschrittenen 5. Jh. n. Chr. hatte sich schließlich ein neuer Stil mit neuen Formen herausgebildet, der als eigenständig frühbyzantinisch bezeichnet werden kann. Große Zentren sind im syrisch-palästinischen Bereich sowie in Ägypten zu lokalisieren, zudem existierten weiterhin unzählige lokal produzierende Werkstätten. Neben charakteristischen Formen, die im gesamten östlichen Reichsteil zu finden waren, gab es zahlreiche regionale Ausprägungen innerhalb der Produktpalette.

Diese umfasste herkömmliche Vorratsgefäße, Flaschen in verschiedenen Formen, Becher, Schalen, Platten und Teller, die in großem Stil für den Alltag gefertigt wurden. Aber auch Behältnisse für den Kosmetik- und Hygienebedarf, also Schmink-, Salb- und Ölgefäße, die vor allem bei Ausgrabungen von Badeanlagen in großen Mengen entdeckt werden, zählten zum breiten Spektrum der Glasmacher der Zeit. Daneben gab es eine ganze Reihe von Gefäßen und Objekten für den speziellen Gebrauch, die im Folgenden vorgestellt werden sollen.

Leuchten für Gott

Kennzeichnend für die byzantinische Glasherstellung war die Fertigung von gläsernen Lampen im großen Stil. Diese wurden vermutlich im jüdischen Kulturkreis entwickelt. Da sie länger brannten als die herkömmlichen tönernen Exemplare, waren sie für die jüdische Bevölkerung gerade am Sabbat geeignet, an dem keine Lampe neu angezündet werden durfte. Zudem hatten sie neben ihrer längeren Brenndauer auch eine fast zweifach stärkere Leuchtkraft – der zweite wesentliche Grund, der zu ihrer Verbreitung führte. Während in gewöhnliche Keramiklampen pures Olivenöl gefüllt werden musste, gab man in die Glaslampen zunächst Wasser und schüttete darauf Öl. Dieses schwamm dann zusammen mit dem Docht, der über einen metallenen Dochthalter am Boden fixiert war, auf dem Wasser. Das Wasser verstärkte nicht nur die Leuchtkraft der Flamme, sondern sorgte zugleich dafür, dass der gläserne Behälter nicht überhitzte und sprang. War das Öl verbraucht, erlosch die Flamme. Anders als bei Tonlampen verwendete man bei den gläsernen Leuchtmitteln nicht nur Oliven-, sondern wohl auch Rizinusöl.

Gläserne Lampen in Schalen- oder Becherform konnten mittels metallenen Vorrichtungen aufgehängt werden. Der Dochthalter war in der Bodenmitte angeschmolzen.

Die Form der Glaslampen variiert stark. Bekannt sind Schalen oder Becher, die sich an ösenartigen Henkeln aufhängen ließen. Daneben gab es konische Lampen, die unten abgeflacht sein konnten, meist aber spitz zuliefen und häufig mit blauen Nuppen oder auch mit Schlifffurchen verziert waren. Die Glasform zählte im frühmittelalterlichen Europa übrigens zu den beliebtesten Trinkgefäßformen. Eine Verwendung als Lampe war hier nicht üblich. Aus dem Byzantinischen Reich wiederum sind keine Belege bekannt, die dort auf eine Nutzung als Trinkgefäß schließen lassen.

Wie konische Glaslampen, die ohne Hilfe nicht stehen konnten, Halt fanden, ist nicht bekannt. In Frage kämen hölzerne Ständer, die sich dann aber nicht erhalten haben. Eine Verwendung in so genannten Polycandela ist nicht nachweisbar. Dabei handelte es sich um ringförmige, metallene Halterungen, die mittels Ketten an der Decke oder am Gebälk befestigt waren und über eine entsprechende Vorrichtung heruntergelassen werden konnten. In sie wurden gleich mehrere Lampen eingehängt. Dafür waren aber Leuchten mit becherartigem Körper und hohlem oder massivem Stiel bestimmt, die in mannigfaltiger Ausführung und in großer Zahl überliefert sind.

Stengelgläser, aufgrund ihres modernen Aussehens auch als Weingläser bezeichnet, wurden in frühbyzantinischer Zeit ebenfalls massenhaft hergestellt. Die Form kommt ab dem 4. Jh. n. Chr. mit angeschmolzenem massivem Stiel vor. Ab dem 5. Jh. n. Chr. folgen dann Stengelgläser mit gefaltetem Fuß, für die nur ein Arbeitsgang notwendig war, da Kelch, Stiel und Fuß aus einer Blase gefertigt wurden, was eine schnellere Produktion erlaubte.

Stengelgläser können als eines der wichtigsten Glasprodukte jener Zeit bezeichnet werden. Ihr weiträumiges und zahlreiches Vorkommen in frühbyzantinischen bzw. frühmittelalterlichen Kontexten belegt ihre Beliebtheit. Sie sind nicht nur im Oströmischen Reich, sondern auch im westlichen Mittelmeerraum zu finden und wurden dort zugleich auch gefertigt, etwa in Karthago, Tunesien und im südfranzösischen Villeneuve-lès-Maguelone. Auch in Invillino (Friaul) wird eine Werkstatt vermutet. Selbst im Irak und im Schwarzmeergebiet waren Stengelgläser verbreitet, während es im merowingischen und angelsächsischen Einflussgebiet nur relativ wenige Nachweise gibt. Neben der Verwendung als Trinkglas dienten sie im Osten auch als Lampen; ein kupferner Halter fixierte den Docht.

Glaslampen jeglicher Art wurden im Osten sowohl im privaten Bereich als auch sehr zahlreich in Synagogen, Kirchen und Basiliken als künstliches

Gläserne Lampen, hier ein konisches Exemplar, waren in byzantinischer Zeit weit verbreitet. Sie leuchteten nicht nur länger, sondern auch heller als tönerne Lampen.

Bei diesem Polycandelon mit drei Glaslampen mit becherartigem Körper und hohlem Stiel aus dem 6. Jh. n. Chr. handelt es sich um ein eher kleines Exemplar; vor allem in Kirchen und Basiliken hingen weit größere Polycandela.

Leuchtmittel eingesetzt. Im westlichen Mittelmeerraum scheinen Glaslampen hingegen hauptsächlich in Kirchen Verwendung gefunden zu haben. Nördlich der Alpen liegen mit einer Ausnahme keine Belege für Glaslampen vor.

Verschiedene Quellen berichten von der Vielzahl an Glaslampen in christlichen Gotteshäusern. Sie sollten den nächtlichen Sternenhimmel nachahmen, so Paulinus Nolanus (Carmen 19, 412–424) über die Lampen der Basilika in Cimitile/Nola im frühen 5. Jh. n. Chr. Auch Prudentius, der bedeutendste christliche Dichter der Spätantike, vergleicht die Glaslampen mit Sternen (Liber Cathemerinon 5, 141–148). Im Testamentum Domini nostri Iesu, einer Kirchenordnung des 5. Jh. n. Chr., wird vorgeschrieben, dass der Kircheninnenraum so zu beleuchten sei, dass damit ein Abbild des Himmels geschaffen wird. Paulos Silentarios, ein byzantinischer Dichter, vergleicht 563 n. Chr. die Beleuchtung in der Hagia Sophia in Konstantinopel mit der nächtlichen Sonne, die den Innenraum der Kirche erhellt (Descriptio S. Sophiae 806–920). Den Textquellen sowie den archäologischen Funden

Stengelgläser waren eines der Hauptprodukte frühbyzantinischer Glasmacher. Ihrem modernen Aussehen wegen werden sie auch als Weingläser bezeichnet. Sie dienten als Trinkgefäße sowie – versehen mit einem Dochthalter – auch als Lampen.

und architektonischen Befunden nach wurden mit den Lampen offenbar hauptsächlich das Mittelschiff und der Altarraum beleuchtet.

Behälter für schwarze Schminke

Als weiteres typisch frühbyzantinisches Produkt gelten Kohelgefäße, in denen die seit alters her in Ägypten und Vorderasien verwendete namensgebende schwarze Augenschminke aufbewahrt wurde (s. S. 28).

Kohelröhren wurden in großer Anzahl in byzantinischer Zeit produziert. Häufig handelt es sich um Doppelröhren. Bei diesem Exemplar aus dem späten 4./5. Jh. n. Chr. hat sich der Auftragsstab erhalten.

Auch in dieser Epoche war das Auftragen der schwarzen Schminke nicht nur aus kosmetischen, sondern auch aus medizinischen Gründen angezeigt. Charakteristisch für die syrisch-palästinische Region sind Kohelröhren, die als Einzel- oder Doppelröhren in großer Anzahl vorkommen; auch vierröhrige Gefäße sind bekannt. Üblich sind Verzierungen mit Fadenauflagen sowie nach oben ausladende Henkel: Daran konnten die Schminkbehälter, die keinen Standfuß hatten, aufgehängt werden.

Das Kohel, das sich teilweise sogar erhalten hat, wurde mithilfe eines elfenbeinernen oder bronzenen Auftragsstabes aus dem Gefäß entnommen. Kohelröhren waren eine äußerst langlebige Form, die sich bis in islamischer Zeit gehalten hat, dann allerdings mit einem angeschmolzenen Ständer versehen wurde.

Alles für die Pilger

Auch gläserne Pilgerfläschchen zählten zu den typisch frühbyzantinischen Erzeugnissen. Sie fanden an christlichen Pilgerstätten zahlreich Verwendung, um geheiligte Flüssigkeiten – geweihtes Öl und heilbringendes Wasser – oder aber Staub bzw. Erde von Wallfahrten mit nach Hause nehmen zu können. Diese so genannten eulogia wurden in tönerne oder aber gläserne Behältnisse abgefüllt.

Pilgerreisen zu den bedeutenden Heiligtümern wie etwa dem Asklepeion von Epidauros oder dem Artemision von Ephesos waren schon in der vorchristlichen Antike üblich. In der Spätantike wurden Wallfahrten zu den loca sancta, d. h. den heiligen Stätten Palästinas, populär, z. B. zur Grabeskirche in Jerusalem. Ebenso waren die Wirkungsorte und Grabstätten von Heiligen Ziel der Gläubigen.

Ein wichtiges Pilgerzentrum war Abu Mena rund 45 km südwestlich von Alexandria am Wüstenrand. Dort befand sich das Grab des heiligen Menas, eines Märtyrers, das wahre Pilgerströme anzog und wo die größte frühchristliche Basilika Ägyptens errichtet wurde. In Resafa-Sergiopolis im Norden Syriens versammelten sich die Pilger am Grab des Märtyrers Sergius. Dort goss man Öl in den heiligen Reliquienschrein, das durch ein Loch an der Unterseite abfloss und aufgefangen wurde, um anschließend in Fläschchen abgefüllt zu werden. Nach der Berührung mit den Reliquien galt das Öl als heilig.

Bei den gläsernen Pilgerfläschchen handelt es sich um einfache polygonale, meist recht kleine Flaschen oder Kännchen, die mit christlichen Motiven wie dem Palmwedel verziert waren. Zahlreich sind Darstellungen von Säulenheiligen, die sich für Jahre oder

Der genaue Zweck der kleinen blauen Miniaturkännchen von einer Größe von 1,7 bis 2,8 cm ist nicht bekannt, aber vermutlich wurden sie ebenfalls für Pilger hergestellt. Überwiegend waren sie im syrisch-palästinischen Raum verbreitet.

Pilgerfahrten waren in der Spätantike und in frühbyzantinischer Zeit weit verbreitet. Öl, Wasser oder auch Staub wurden zur Mitnahme in Fläschchen gefüllt. Die Wallfahrten waren ein nicht unbedeutender Wirtschaftsfaktor für Klöster und heilige Stätten.

gar dauerhaft auf hohe Säulen zurückgezogen haben, um Gott näher zu sein und um ein möglichst ungestörtes Leben in Kontemplation, Einkehr und Askese führen zu können. Säulenheilige genossen schon zu Lebzeiten große Verehrung; dementsprechend waren sie eine beliebte Anlaufstelle für Pilger und Ratsuchende. Der erste und auch berühmteste Vertreter war Symeon Stylites der Ältere, der im 5. Jh. n. Chr. im nordsyrischen Qal'at Sim'an wirkte. Von dort brachten die Wallfahrer »hnana« mit, eine Mischung aus Wasser, Öl und Staub, die Symeon den Hilfesuchenden in Fläschchen abfüllen ließ. Damit wurden der Überlieferung nach unter anderem Krankheiten geheilt oder auch Dürren beendet.

Im jüdischen Kulturkreis war die Mitnahme von Öl, Wasser oder Erde von Reisen zu bedeutenden Synagogen und Stätten ebenfalls üblich. Entsprechend finden sich Pilgerfläschchen mit jüdischen Symbolen wie dem siebenarmigen Leuchter.

Vermutlich hängen auch die um einen Stab geformten Miniaturkännchen mit Pilgerreisen zusammen, die in der Regel blau gefärbt und als Anhänger getragen wurden. Blau galt offenbar weiterhin als geeignet, um alles Übel abzuhalten. Die Kännchen standen eventuell auch im übertragenen Sinne für die Pilgerfläschchen und deren Inhalt und könnten als Andenken bei den diversen Pilgerstätten erhältlich gewesen sein. Die meisten Miniaturen wurden im östlichen Mittelmeergebiet, vor allem im syrisch-palästinischen Raum gefunden. Jedoch gibt es auch Nachweise in Westeuropa, gar von außerhalb des Römischen Reiches, was auf ihre Bedeutung und Wertschätzung schließen lässt, selbst wenn über die dahinterstehenden religiösen Vorstellungen letztlich wenig bekannt ist.

Zahlreich sind auch kleine gläserne Schmuckanhänger mit christlichen, jüdischen sowie heidnischen oder astrologischen Symbolen. Sie konnten zumindest teilweise ebenfalls bei den Pilgerstätten erworben werden. Die Darstellungen wurden mit einem Stempel in die runden, mit einer Öse versehenen Anhänger eingeprägt.

Kleine Gewichte

Typisch für die byzantinische Zeit waren auch kleine Gewichte aus Glas, deren genaue Funktion nicht ganz geklärt ist. Die kleinen runden, mit Stempel geprägten Scheiben zeigen häufig die Köpfe von Kaisern oder hohen Beamten, meist Eparchen (Statthalter), und waren auch in der Regel mit Inschriften und/oder Monogrammen versehen. Das Gros der Gewichte weist allerdings keine Nennwerte auf – anders als Exemplare aus Metall. Mit hoher Wahrscheinlichkeit wurden die Glasgewichte zur Kontrolle von Münzen eingesetzt.

Kleine, mit runden Stempeln versehene Scheiben wurden vermutlich als Gewichte zur Münzkontrolle eingesetzt. Auf diesem Exemplar ist die Büste eine Mannes und eine Inschrift zu erkennen, die Flavios Gerontios nennt. Er war 560 bis 562 n. Chr. Eparch von Konstantinopel.

Farbenprächtige Wände

Desgleichen wurde Fensterglas en masse produziert, ebenso gläserne Mosaiksteinchen (tesserae). Hier bestand enormer Bedarf für die farbenfrohen und prachtvollen Wand- und Deckenmosaiken in Kirchen und Basiliken. Mosaike gelten als wichtigste Wand- und Deckenverzierung während der gesamten byzantinischen Zeit, auf deren Anfertigung sich zahlreiche Werkstätten im Oströmischen Reich spezialisiert hatten. Mit die schönsten sind noch heute in der Hagia Sophia in Istanbul zu bewundern. Die Tradition hielt sich auch in islamischer Zeit: Zahlreiche Moscheen sind mit Wandmosaiken geschmückt. Als herausragendes Beispiel gilt die Umayyaden-Moschee in Damaskus, deren Errichtung ins frühe 8. Jh. n. Chr. fällt. Allerdings wurden die Mosaike für die islamischen Bauwerke von byzantinischen Mosaizisten ausgeführt. Den Quellen zufolge wurden Letztere teilweise sogar zusammen mit den tesserae vom Kaiser in Konstantinopel zu den islamischen Bauherren geschickt.

Häufiger wurden tesserae auch aus Mosaiken baufälliger Gebäude gebrochen und wiederverwendet. Dies war noch im Mittelalter üblich. Zudem wurden tesserae nach Nordeuropa verhandelt und, vor allem zum Färben von Glas, recycelt. Dies überliefert der Benediktinermönch Theophilus Presbyter, und es ließ sich bereits auch archäologisch nachweisen.

Ein neuer Glastyp

Im Laufe des 4. Jh. n. Chr. entstand ein neuer Glastyp, der bis ins 7. n. Chr. im Mittelmeergebiet und in Europa – offenbar aber nicht im Vorderen Orient – verbreitet war: das HIMT-Glas (High Iron, Manganese, Titanium) mit einem hohen Anteil an Eisen, Mangan und Titan, das mittels mineralischer Soda, Sand und Kalk hergestellt wurde. Im Gegensatz zu dem in römischer Zeit zuvor üblichen bläulich-grünlichen Glas mit niedrigem Eisengehalt ist HIMT-Glas gelblich-grün bis tief olivgrün.

Die Verwendung eines anderen Sandes als bis dato üblich begründet die auffallend hohen Eisen-, Mangan- und Titanwerte, so zumindest die derzeit vorherrschende Meinung. Offenbar wurde für den Fernhandel bestimmtes Rohglas, das zuvor aus der Levante gekommen war, im 4. Jh. n. Chr. nun zumin dest zum Teil auch in Ägypten produziert, eventuell in Ostrakine, dem heutigen El-Felusiyat im Nord-Sinai. HIMT-Glas wurde erst in den 1990er-Jahren erkannt und ist seitdem bei archäometrischen Untersuchungen von Gläsern aus besagtem Zeitraum immer wieder nachgewiesen worden. Belege gibt es unter anderem aus Karthago, Nord-Sinai, Zypern, der Türkei und Italien sowie Großbritannien. Anscheinend wurde ein recht großer Teil der Glasprodukte des 4. bis 7. Jh. n. Chr. mit Rohglas aus der neuen Bezugsquelle abgedeckt. Allerdings tut weitere Forschung hier dringend Not, da noch viele Fragen offen sind. So weisen Gläser aus den Hütten im Hambacher Forst oder aus den Gräbern in Mayen aus dem 4. und 5. Jh. n Chr. beispielsweise große Ähnlichkeit mit HIMT-Glas auf, unterscheiden sich aber leicht in anderen Komponenten. Vergleichbares konnte auch schon andernorts festgestellt werden. Möglicherweise hängt das mit einer Glasherstellung vor Ort zusammen, bei der importiertes HIMT-Glas, eventuell als Glasbruch recycelt, mit einem anderen Glastyp gemischt wurde. Eine Mischung von HIMT-Glas mit einem herkömmlichen Soda-Kalk-Typ ließ sich bei Glasbrocken in Sagalassos, am Fuße des Taurusgebirges in der Türkei, feststellen.

Das Mosaik an der Kuppel der Apsis der Hagia Sophia in Istanbul aus dem 9. Jh. n. Chr. ist nur eines der vielen prächtigen Wand- und Deckenmosaiken byzantinischer Zeit. Dargestellt ist Maria mit dem Jesuskind.

Die Nachbarn

Unter den Sassaniden (224–651 n. Chr.), den Nachfolgern der Achaimeniden im Iran und Irak sowie den unmittelbaren Nachbarn und auch Gegnern der Römer, wurde bereits im 3. Jh. n. Chr. teilweise Glas mit Soda-Asche hergestellt – d. h. lange vor dem Einbruch der auf mineralischer Soda basierten Glasproduktion und der Umstellung auf die Verwendung von Soda-Asche als Flussmittel um 800 n. Chr. Das Rohglas aus Soda-Asche wurde vermutlich im Sassanidischen Reich selbst produziert, während jenes aus Trona aus der Levante importiert wurde. Die Gefäße aus der Spätzeit der Sassaniden sind auffallend dickwandig und mit Facettenschliff verziert. Am gebräuchlichsten waren halbkugelige Schalen und Becher.

Veränderungen

In den Jahren ab 633 n. Chr. musste das Oströmische Reich durch den Siegeszug des Islam große territoriale Verluste hinnehmen: Es verlor unter anderem Palästina, Syrien und Ägypten und war weitestgehend auf Kleinasien und Südosteuropa geschrumpft. Das Sassanidenreich ging 651 n. Chr. unter. Lange wurde in den nun islamisch beherrschten Gebieten Glas von byzantinischen und jüdischen Glasmachern bzw. in Iran und im Irak von Handwerkern sassanidischer Tradition in deren jeweiliger Formensprache gefertigt. Eine eigenständige islamische Glasproduktion verbunden mit typischen islamischen Stilen und Formen entwickelte sich erst im späten 8./frühen 9. Jh. n. Chr. Gleichzeitig erfolgte auch die Umstellung der Rezeptur im islamischen wie byzantinischen Herrschaftsgebiet: Statt Trona wurde wieder Asche von salzliebenden Pflanzen als Flussmittel verwendet (s. S. 9). Anders als gelegentlich behauptet, scheinen für diese Umstellung eher klimatische Veränderungen als politische Gründe eine Rolle gespielt zu haben.

Typisch für die Glaskunst der Sassaniden waren dickwandige Schalen und Becher, die mit Facettenschliff verziert waren.

Nach den Römern
Glas im Frühmittelalter

Mit dem Ende der römischen Herrschaft in Gallien und im Rheinland im 5. Jh. n. Chr. fiel die Kontrolle über das Gebiet an das fränkische Königsgeschlecht der Merowinger, die ihren Machtbereich bald vergrößerten und erst Mitte des 8. Jh. n. Chr. von den Karolingern abgelöst wurden. Glas wurde weiterhin hergestellt; eine Kontinuität der Handwerkertradition von spätrömischer in fränkische Zeit muss angenommen werden.

Glas in der Merowingerzeit

Das Gros der frühmittelalterlichen Glasprodukte fand sich in Gräbern. Es handelt sich um Perlen als Bestandteil der Tracht oder aber um Gefäße. Die Perlen stammen meist von Halsketten und waren ein- oder mehrfarbig. Unter den Gefäßen waren Trinkbecher die beliebteste Beigabe. Auffallend ist, dass meist immer nur ein Gefäß mitgegeben wurde. Eine der wenigen Ausnahmen bilden die Gräber der wohl zum Königshaus der Merowinger gehörenden Verstorbenen im Kölner Dom. Bei der dort bestatteten Frau lagen sechs, beim Knaben drei Glasgefäße. In einem Männergrab im baden-württembergischen Hailfingen wurden zwei Spitzbecher entdeckt.

Nach der enormen Produktionsleistung spätrömischer Glashütten wurde unter den Merowingern vergleichsweise wenig Glas produziert. Dementsprechend ist der Anteil von Glas in Bestattungen der vielen bekannten Gräberfelder und Grablegen eher gering. Einmal mehr war Glas zum Luxusgut avanciert und nur der Oberschicht vorbehalten. Es diente als Statussymbol, Geschenk an Verbündete und loyale Untergebene sowie bis zum Ende der Beigabensitte auch als Grabbeigabe. Bemerkenswerterweise legte die Eilte auch ihren Kindern Glasgefäße ins Grab.

Im Gegensatz zur spätrömischen Zeit war das Formenspektrum im Frühmittelalter sehr reduziert, wobei sich einige Gefäßformen von römischen Vorgängern ableiten lassen. Eine Kontinuität in der Glasverarbeitung ist daher vorauszusetzen, selbst wenn viele Techniken wie etwa der Glasschnitt verloren gingen. Die Zusammensetzung des Glases scheint weitestgehend der aus spätantiken römischen Werkstätten zu entsprechen. Der sich bereits in der spätantiken Glasproduktion nördlich der Alpen andeutende Qualitätsabfall verstärkt sich im frühen Mittelalter: Im Glas sind Blasen und Schlieren enthalten, zum Teil ist es braunstichig. Offenbar wurde das Rohglas nicht importiert, sondern im Fränkischen Reich hergestellt. Der Nachweis einer Produktionsstätte steht allerdings noch aus. Glasverarbeitende Werkstätten hingegen sind bekannt: Neben Öfen stieß man häufig auf fertigungsbedingten Glasabfall oder aber Tiegel.

Glaswerkstätten fanden sich unter anderem auf dem Heumarkt in Köln, im nordrhein-westfälischen Hasselsweiler, in Huy und Macquenoise (Belgien) sowie im französischen Saint-Denis. Auch in oder um Mayen wird eine Glaswerkstatt vermutet. Von weiteren Betrieben im Rheinland, Nordfrankreich und Belgien ist auszugehen. Die wenigen frühmittelalterlichen Öfen wie etwa auf dem Kölner Heumarkt weisen in Konstruktion und Bauweise große Ähnlichkeit mit spätrömischen Öfen auf.

Vergleichbar mit der römischen Spätantike lagen die Werkstätten vornehmlich in ländlichen Gegenden und nicht in großen Zentren. Die Gründe hierfür hängen möglicherweise mit einer Verschlechterung des Klimas zusammen, die für beide Epochen nachgewiesen ist. Der enorme Bedarf an Holz ließ sich auf dem Land fernab der großen Städte wohl besser decken. Bemerkenswerterweise befinden sich die Glaswerkstätten dann in karolingischer Zeit wieder in den wirtschaftlichen Zentren, d. h. in den Klöstern und Pfalzen wie Lorsch, Aachen, Fulda und Paderborn, wo Fensterglas in großem Stil gefertigt wurde.

Im Siedlungsgebiet der Alamannen konnte Glasverarbeitung bislang nicht nachgewiesen werden. Bei den zahlreich dort vor allem aus Gräbern und in kleinerem Umfang auch aus Siedlungen, z. B. der Höhensiedlung von Bad Urach, bekannten Gläsern handelt es sich um Objekte aus merowingischen Glashütten im Rheinland, Nordfrankreich und Belgien.

Eingeschränkte Produktpalette

Innerhalb der frühmittelalterlichen Produktpalette dominieren Schank- und Trinkgefäße, wobei Letztere überwiegen: Von den rund 30 bekannten Formen

Im frühen 6. Jh. n. Chr. wurde in Hailfingen (Baden-Württemberg) ein Mann mit zahlreichen Beigaben bestattet, darunter auch zwei rund 30 cm hohe Spitzbecher. Üblicherweise wurde Verstorbenen nur ein Glas mit ins Grab gegeben.

dienten über die Hälfte zum Trinken. Die meisten Erzeugnisse sind recht einfach gehalten. Sie wurden entweder frei oder in eine Form geblasen. Als Verzierung sind Fadenauflagen und gerippte Wandungen gängig. Kennzeichnend für die Trinkgefäße ist, dass ihre Standfähigkeit kaum oder gar nicht gegeben war – ein Phänomen, das bereits in der ausgehenden Spätantike seinen Anfang nahm: Die Becher haben teilweise nur einen recht kleinen Standfuß, der dem Glas wenig Stabilität verleiht, beispielsweise die Glockenbecher. Viele Gefäße mussten ohne Standfuß auskommen: Spitzbecher laufen, darauf weist der Name bereits hin, spitz zu; Sturzbecher haben einen runden Boden oder eine kleine Spitze, Gleiches gilt für die glockenförmigen hohen Becher. Die so genannten Tummler besitzen grundsätzlich einen runden Boden. Auch Trinkhörner wurden aus Glas hergestellt. Demnach mussten all diese Gefäße vor dem Abstellen bzw. Ablegen ausgetrunken werden. Ob sich dadurch auf ausufernde Trinksitten schließen lässt, sei dahin gestellt. Halterungen sind nicht bekannt.

Zu den herstellungstechnisch aufwendigen Produkten zählen Rüsselbecher, die auf spätrömische Vorläufer zurückgehen. Bei diesen glockenförmigen Gefäßen mit kleinem Scheibenfuß wurden aus der heißen Wandung rüsselartige Verzierungen herausgezogen. Diese waren hohl, sodass sich beim Füllen des Bechers die Flüssigkeit darin sammeln konnte. Zwar war dies optisch sehr ansprechend, allerdings erschwerte es zugleich das Trinken. Ebenfalls aufwendig in der Herstellung waren die so genannten Guttrolfe, bei denen der obere schalenförmige und der untere kugelförmige Teil durch Röhren miteinander verbunden waren. Auch diese Gefäßform hat ein spätrömisches Vorbild. Aus den eigentümlichen Gläsern zu trinken war gleichermaßen nicht einfach.

Der Sturzbecher aus einem Grab in Oberflacht (Baden-Württemberg) aus dem 6. Jh. n. Chr. wurde mit Fadenauflagen verziert. Typisch ist die Form des Bodens, die ein Abstellen nicht erlaubt.

Die eigentümliche Form der Guttrolfe, hier ein Exemplar aus Oberflacht aus dem 6. Jh. n. Chr., geht auf römische Vorbilder zurück. Das Trinken daraus erforderte einiges Geschick, eventuell wurden sie für Trinkspiele verwendet.

Eventuell wurden diese beiden besonderen Gefäßarten für Trinkspiele benutzt.

Verschiedentlich werden gläserne Fensterscheiben in kirchlichen Bauten in der zeitgenössischen Literatur erwähnt, und auch archäologisch liegen hin und wieder Flachglasfunde vor, sogar aus Wohnhäusern.

Schönes aus Ferne und Vergangenheit

Auch Importe sind gelegentlich im frühen Mittelalter belegt. Von den in der gesamten Mittelmeerregion beliebten Stengelgläsern fanden einige wenige den Weg über die Alpen; sie wurden wohl überwiegend in Italien gefertigt. Als Erzeugnis aus dem syrisch-palästinischen Raum wird eine etwa 40 cm hohe Glasflasche in Bräunlingen (Baden-Württemberg) angesprochen, die in einem Frauengrab aus dem dritten Viertel des 5. Jh. n. Chr. entdeckt wurde. Bekannt sind auch Altstücke, die den Verstorbenen als Beigabe ins Grab gelegt wurden wie z. B. eine blaue Glasamphore mit weißen Henkeln und Fuß aus einem Grab des 6. Jh. n. Chr. in Hüfingen oder eine spätantike schliffverzierte Schale aus Krefeld-Gellep.

Jenseits des Kanals

Auch im angelsächsischen Raum gibt es vielfach gläserne Perlen und Gefäße, vor allem aus Gräbern der Zeit zwischen 400 und 700 n. Chr. Einige stehen in Form und Ausführung jenen auf dem Kontinent aus merowingischen Glaswerkstätten in Nordfrankreich, Belgien und dem Rheinland sehr nahe. Lange galten sie als Importe; auch deshalb, weil sich keine Glaswerkstätten der frühen Angelsachsen in Großbritannien archäologisch nachweisen lassen. Inzwischen herrscht jedoch die Meinung vor, dass bereits im 5. Jh. n. Chr. zumindest ein Teil der Gefäße auf der Insel gefertigt wurde. Aufgrund der hohen Fundkonzentration einiger Gefäßtypen, darunter Spitzbecher, muss es sich um angelsächsische Erzeugnisse gehandelt haben. Da bis zum Ende der römischen Herrschaft im ausgehenden 4. Jh. n. Chr. in Britannien Glaswerkstätten belegt sind, wird eine Kontinuität in der Herstellung wie im merowingischen Bereich mittlerweile angenommen. Eine Werkstatt wird in Kent vermutet. Andere Gefäßtypen wie Glockenbecher, die nur in geringer Anzahl in Großbritannien vorkommen, werden als Importe gedeutet.

Der Rüsselbecher aus einem Grab in Langenau (Baden-Württemberg) datiert ins dritte Viertel des 6. Jh. n. Chr. Die Becherform hat spätrömische Vorbilder.

Literatur

D. Allen: Roman Window Glass, in: Artefacts and archaeology. Aspects of the Celtic and the Roman world (2002) 102 ff.

H. Amrein: L'atelier de Verriers d'Avenches. L'artisanat du verre au milieu du 1er siècle après J.-C. (2001).

V. Arveiller-Dulong/J. Arveiller: Le verre d'époque romaine au Musée archéologique de Strasbourg (1985).

V. Arveiller-Dulong/M.-D. Nenna: Les verres antiques du Musée du Louvre. Vaisselle et contenants du Ier siècle au début du VIIe après J.-C. (2005).

V. Arveiller-Dulong/M.-D. Nenna: Les Verres Antiques du Musée du Louvre II. Vaiselle et contenants du Ier siècle au début du VIIe siècle après J.-C. (2005).

D. Baatz: Fensterglastypen, Glasfenster und Architektur, in: A. Hoffmann/E.-L. Schwandner/W. Hoepfner/G. Brands (Hrsg.): Bautechnik der Antike. Diskussionen zur Archäologischen Bauforschung 5 (1991) 4 ff.

P. Barié/W. Schindler (Hrsg.): M. Valerius Martialis. Epigramme. Lateinisch-deutsch. Hrsg. und übersetzt (1999).

S. Biaggio Simona: I vetri romani provenienti dalle terre dell'attuale Canton Ticino I–II (1991).

R. Bianchi (Hrsg.): Reflections on Ancient Glass from the Borowski Collection (2002).

F. Bonnet Borel: Le verre d'époque romaine à Avenches–Aventicum, Documents du Musée romain d'Avenches 3 (1997).

M. Brüggler: Villa rustica, Glashütte und Gräberfeld. Die kaiserzeitliche und spätantike Siedlungsstelle HA 132 im Hambacher Forst. Rheinische Ausgrabungen 63 (2009).

Ch. W. Clairmont: The Excavations at Dura–Europos. Final Report 4, 5. The Glass Vessels (1963).

H. E. M. Cool/J. Price: Roman Vessel Glass from Excavations in Colchester, 1971–85, Colchester Archaeological Report 8 (1995).

J. W. Crowfoot/G. M. Crowfoot/K. K. Kenyon: The Objects from Samaria (1957).

B. Czurda-Ruth: Die römischen Gläser vom Magdalensberg (1979).

B. Czurda-Ruth: Die römischen Gläser auf dem Magdalensberg, in: G. Piccottini (Hrsg.): Die Ausgrabungen auf dem Magdalensberg 1980–1986, Magdalensberg Grabungsbericht 16 (1998) 459 ff.

G. Dilly/N. Mahéo: Verreries antiques du Musée de Picardie (1997).

C. Dobiat/H. Matthäus/B. Raftery/J. Henderson: Glasperlen der vorrömischen Eisenzeit II (1987).

O. Doppelfeld: Römisches und fränkisches Glas in Köln (1966).

J. Drauschke/D. Keller (Hrsg.): Glass in Byzantium – Production, usage, analyses / Glas in Byzanz – Produktion, Verwendung, Analysen, RGZM-Tagungen 8 (2010).

O. Dussart: Le verre en Jordanie et en Syrie du Sud (1998).

M. Egg: Gläserne Widderkopfperlen aus der Eisenzeit, in: Archäologisches Korrespondenzblatt 40/4 (2010) 525 ff.

P. Fasold: Die früh- und mittelrömischen Gläser von Kempten-Cambodunum, in: J. Bellot/W. Czysz/G. Krahe (Hrsg.): Forschungen zur provinzialrömischen Archäologie in Bayerisch-Schwaben (1985) 197 ff.

P. Fasold/C.-M. Hüssen: Römische Grabfunde aus dem östlichen Gräberfeld von Faimingen-Phoebiana, Ldkr. Dillingen a. d. Donau, in: Bayerische Vorgeschichtsblätter 50 (1985) 287 ff.

S. J. Fleming: Roman Glass. Reflections on cultural Change (1999).

A.-B. Follmann-Schulz: Die römischen Gläser aus Bonn (1988).

A.-B. Follmann-Schulz: Die römischen Gläser im Rheinischen Landesmuseum Bonn. Führer des Rheinischen Landesmuseums Bonn und des Rheinischen Amtes für Bodendenkmalpflege 138 (1992).

D. Foy: Le Verre de l'Antiquité tardive et du haut Moyen Age: Typologie – Chronologie – Diffusion (1995).

D. Foy/M.-D. Nenna: Tout feu, tout sable. Mille ans de verre antique dans le Midi de la France (2001).

D. Foy/M. D. Nenna (Hrsg.): Echanges et commerce du verre dans le monde antique (2003).

I. Freestone/N. Meeks/M. Sax/C. Higgitt: The Lycurgus Cup – A Roman Nanotechnology, in: Gold Bulletin 40/4 (2007) 270 ff.

F. Fremersdorf: Römisches Buntglas in Köln. Die Denkmäler des römischen Köln 3 (1958).

F. Fremersdorf: Römische Gläser mit Fadenauflage in Köln. Schlangenfadengläser und Verwandtes. Die Denkmäler des römischen Köln 5 (1959).

F. Fremersdorf: Die römischen Gläser mit aufgelegten Nuppen. Die Denkmäler des römischen Köln 7 (1962).

F. Fremersdorf: Die römischen Gläser mit Schliff, Bemalung und Goldauflagen aus Köln. Die Denkmäler des römischen Köln 8 (1967).

F. Fremersdorf/E. Polonyi Fremersdorf: Die farblosen Gläser der Frühzeit in Köln. 2.und 3. Jahrhundert. Die Denkmäler des römischen Köln 9 (1984).

S. Frere: Verulamium Excavations I (1972).

S. Frere: Verulamium Excavations II (1983).

S. Frere: Verulamium Excavations III (1984).

H. O. Frey (Hrsg.): Glasperlen der vorrömischen Eisenzeit I (1983).

S. Fünfschilling: Gläser aus den Grabungen des Deutschen Archäologischen Instituts in Karthago. Die Grabungen »Quartier Magon« und Rue Ibn Chabâat sowie kleinere Sondagen, in: F. Rakob (Hrsg.): Karthago III (1999) 435 ff.

S. Fünfschilling: Glasrecycling bei den Römern, in: NIKE-Bulletin 6 (2011) 16 ff.

W. Gaitzsch/A.-B. Follmann-Schulz/K. H. Wedepohl/G. Hartmann/U. Tegtmeier: Spätrömische Glashütten im Hambacher Forst – Produktionsort der ECVA-Fasskrüge. Archäologische und naturwissenschaftliche Untersuchungen, in: Bonner Jahrbücher 200 (2000) 83 ff.

R. Gebhard: Der Glasschmuck aus dem Oppidum von Manching (1989).

R. Gebhard/M. Feugère: Die Glasgefäßfragmente aus dem Oppidum von Manching, in: Germania 73 (1995) 504 ff.

W. Gerlach (Hrsg.): Publius Ovidius Naso. Fasti. Festkalender Roms. Text, Übersetzung, Anmerkungen (1960).

K. Goethert-Polaschek: Katalog der römischen Gläser des Rheinischen Landesmuseums Trier (1977).

S. M. Goldstein: Preroman and early Roman Glass in the Corning Museum of Glass (1979).

D. F. Grose: Early Ancient Glass. Core-formed, rod-formed, and car vessels and objects from the late bronze age to the early Roman Empire, 1600 B. C. to A. D. 50. The Toledo Museum of Art (1989).

M. Grünwald/S. Hartmann: Glass workshops in Northern Gaul and the Rhineland in the first millennium AD as hints of a changing land use – including some results of the chemical analyses of glass from Mayen, in: D. Keller/J. Price/C. Jackson (Hrsg.): Neighbours and Successors of Rome: Traditions of Glass Production and Use in Europe and the Middle East in the Later 1st Millennium AD. International Conference of the Association for the History of Glass on 19 & 20 May 2011 at The King's Manor, University of York, UK (2014).

W. Gudenrath/K. Painter/D. Whitehouse: The Portland Vase, in: Journal of Glass Studies 32 (1990) 12 ff.

M. Guido/M. Welch: The glass beads of Anglo-Saxon England c. AD 400–700: a preliminary visual classification of the more definitive and diagnostic types. Reports of the Research Committee of the Society of Antiqaries of London 56 (1999).

T. E. Haevernick: Römische Fensterscheiben, in: Glastechnische Berichte 27 (1954) 464 ff.

T. E. Haevernick: Beiträge zur Glasforschung. Die wichtigsten Aufsätze von 1938 bis 1981 (1981).

T. E. Haevernick/ P. Hahn-Weinheimer: Untersuchungen römischer Fenstergläser, in: Saalburg-Jahrbuch 14 (1955) 65 ff.

D. B. Harden: Roman Glass from Karanis found by the University of Michigan. Archaeological Expedition in Egypt 1924–29. University of Michigan Studies, Humanistic Series 41 (1936).

D. B. Harden: Masterpieces of Glass (1968).

D. B. Harden: Anglo-Saxon and later Medieval glass in Britain: Some recent developments, in: Medieval Archaeology 22 (1978) 1 ff.

D. B. Harden: Catalogue of Greek and Roman Glass in the British Museum I (1981).

D. B. Harden: Study and Research on Ancient Glass: Past and Future, in: Journal of Glass Studies 26 (1984) 9 ff.

D. B. Harden (Hrsg.): Glas der Caesaren (1988).

G. Harter: Römische Gläser des Landesmuseums Mainz (1999).

G. Hartmann/I. Kappel/K.Grote/B. Arndt: Chemistry and Technology of Prehistoric Glass from Lower Saxony and Hesse, in: Journal of Archaeological Science 24 (1997) 547 ff.

J. W. Hayes: Roman and Preroman Glass in the Royal Ontario Museum (1975).

J. Henderson: Glass production and Bronze Age Europe, in: Antiquity 62 (1988) 435 ff.

J. Henderson: Industrial specialisation in late Iron Age, in: Archaeological Journal 148 (1991) 104 ff.

J. Henderson: Ancient Glass: An Interdisciplinary Exploration (2013).

F. Hiebert/P. Cambon (Hrsg.): Afghanistan: Hidden Treasures from the National Museum, Kabul (2008).

W. Hilgers: Lateinische Gefäßnamen: Bezeichnungen, Funktion und Form römischer Gefäße nach den antiken Schriftquellen (1969).

B. Hoffmann: Römisches Glas aus Baden-Württemberg (2002).

M. Honroth: Vom Luxusobjekt zum Gebrauchsgefäß. Vorrömische und römische Gläser (2007).

C. Isings: Roman Glass from dated finds. Archeologica Traiectina 2 (1957).

C. Isings: Roman Glass in Limburg. Archeologica Traiectina 9 (1971).

Y. Israeli/D. Barag/N. Brosh: Ancient Glass in the Israel Museum. The Eliahu Dobkin Collections and other Gifts (2003).

R. E. Jackson Tal: The late Hellenistic Glass Industry in Syro-Palestine. A Reappraisal, in: Journal of Glass Studies 46 (2004) 11 ff.

D. Keller: Glaslampen im frühbyzantinischen Kirchenraum. Künstliche Beleuchtung im Kontext von architektonischen und liturgischen Veränderungen, in: P. I. Schneider/U. Wulf-Rheidt (Hrsg.): Licht? Konzepte in der vormodernen Architektur, Diskussionen zur Archäologischen Bauforschung 10 (2011) 255 ff.

D. Keller/J. Price/C. Jackson (Hrsg): Neighbours and Successors of Rome: Traditions of Glass Production and Use in Europe and the Middle East in the Later 1st Millennium AD. International Conference of the Association for the History of Glass on 19 & 20 May 2011 at The King's Manor, University of York, UK (2014).

F. Kempken: Spätantike und frühmittelalterliche Funde vom Heumarkt in Köln. Kölner Jahrbuch 34 (2001) 701 ff.

M. J. Klein (Hrsg.): Römische Glaskunst und Wandmalerei. Ausstellungskatalog Mainz 1999 (1999).

L. C. Koch: Die Glasbügelfibeln des 8. und 7. Jahrhunderts v. Chr. aus Etrurien: Ein Beitrag zur eisenzeitlichen Glastechnik und zu den Bestattungssitten des Orientalizzante (2010).

L. C. Koch: Früheisenzeitliches Glas und Glasfunde Mittelitaliens. Eine Übersicht von der Villanovazeit bis zum Orientalizzante und eine Analyse der Glasperlen als Grabbeigabe des Gräberfeldes Quattro Fontanili in Veji (2011).

U. Koch: Glas – Merowingerzeit, in: R. Hoops: Reallexikon der Germanischen Altertumskunde 12 (1998) 153 ff.

J. Komp: Römisches Fensterglas aus dem Rheingebiet. Archäologisch-naturwissenschaftliche Studien zu seiner Herstellung, Qualität und Verbreitung sowie der Zusammensetzung der verwendeten Rohgläser, in: Frankfurter elektronische Rundschau zur Altertumskunde 5 (2007) 1 ff.

R. König/G. Winkler (Hrsg.): Naturkunde – Naturalis historia 32 Bände (1973–2004).

R. Kucharczyk: Glass finds from the bath, in: H. Szymanska/K. Babraj: Byzantine Marea. Excavations in 2000–2003 and 2006 (2008) 129 ff.

N. Kunina: Ancient Glass in the Hermitage Collection (1997).

P. Kurzmann: Mittelalterliche Glastechnologie. Archäologie – Schriftquelle – Archäometrie – Experimente (2004).

S. Lancel: Verrerie antique de Tipasa (1967).

I. Lazar: Glass finds in Slovenia and neighbouring areas, in: Journal of Roman Archaeology 19 (2006) 329 ff.

U. Liepmann: Glas der Antike (1982).

R. Lierke (Hrsg.): Antike Glastöpferei. Ein vergessenes Kapitel der Glasgeschichte (1999).

R. Lierke: Die nicht-geblasenen antiken Glasgefäße (2009).

C. S. Lightfoot: A Catalogue of Glass Vessels in Afyon Museum (1989).

C. S. Lightfoot/M. Arslan: Ancient Glass of Asia Minor. The Yüksel Ermitan Collection (1992).

C. Lilyquist/R. H. Brill: Studies in Early Egyptian Glass (1993).

A. Lorenz: Der spätbronzezeitliche Hortfund von Stadtallendorf unter besonderer Berücksichtigung seiner Gläser (2007).

U. Lund Hansen: Römischer Import im Norden. Warenaustausch zwischen dem Römischen Reich und dem Freien Germanien während der Kaiserzeit unter besonderer Berücksichtigung Nordeuropas (1987).

S. Marzinzik (Hrsg.): Catalogue of Anglo-Saxon Glass in the British Museum, Vera I. Evison. British Museum Research Publication 167 (2008).

S. B. Matheson: Ancient Glass in the Yale University Art Gallery (1980).

B. Maul: Frühmittelalterliche Gläser des 5.–7./8. Jahrhunderts n. Chr. Sturzbecher, glockenförmige Becher, Tummler und Glockentummler (2002).

M. Menninger: Untersuchungen zu den Gläsern und Gipsabgüssen aus dem Fund von Begram (Afghanistan). Würzburger Forschungen zur Altertumskunde 1 (1996).

C. Meyer: Glass from Quseir al-Qadim, in: Annales du 12e Congrès de l'Association Internationale pour l'Histoire du Verre (1993) 279 ff.

S. Mildner/F. Falkenstein/J.-P. Schmidt/U. Schüssler: Materialanalytische Untersuchungen an ausgewählten Glasperlen des bronzezeitlichen Hortfundes von Neustrelitz, Lkr. Mecklenburg-Strelitz, in: Bodendenkmalpflege in Mecklenburg-Vorpommern 57 (2010) 43 ff.

S. Mildner/F. Falkenstein/U. Schüssler/H. Brätz: Bronzezeitliches Glas zwischen Alpenkamm und Ostsee – erste Ergebnisse einer archäometrischen Bestandsaufnahme, in: A. Hauptmann/O. Mecking/M. Prange (Hrsg.): Archäometrie und Denkmalpflege, Metalla, Sonderheft 6 (2013) 246 ff.

P. R. S. Moorey: Ancient Mesopotamian Materials and Industries: The Archaeological Evidence (1994).

M.-D. Nenna: Les Verres, Exploration Archéologique de Délos 37 (1999).

M.-D. Nenna (Hrsg.): La route du verre: ateliers primaires et secondaires du second millénaire av. J.-C. au Moyen Âge (2000).

M. Newby/K. Painter (Hrsg.): Roman Glass, Two Centuries of Art and Invention. The Society of Antiquaries, Occasional Papers 13 (1991).

G. Nightingale: Mykenisches Glas, in: Althellenistische Technologie und Technik (2004) 171 ff.

K. Nikita/J. Henderson: Glass analyses from Mycenaean Thebes and Elateia: compositional evidence for a Mycenaean glass industry, in: Journal of Glass Studies 48 (2006) 71 ff.

K. Nikita/J. Henderson/G. Nightingale: An archaeological and scientific study of Mycenaean glass from Elateia-Alonaki, Greece, in: Annales du 17e Congrès de l'Association Internationale pour l'Histoire du Verre (2009) 39 ff.

B. Nolte: Die Glasgefäße im alten Ägypten (1968).

A. L. Oppenheim: Towards a History of Glass in the Ancient near East, in: Journal of the American Oriental Society, 93/3 (1973) 259 ff.

B. Päffgen/K.H. Wedepohl: Frühmittelalterliche Glasherstellung in Hasselsweiler bei Jülich, in: Kölner Jahrbuch 37 (2004) 835 ff.

M. Panagiotaki et al.: A Glass Workshop at the Mycenaean Citadel of Tiryns in Greece, in: Annales du 16e Congrès de l'Association Internationale pour l'Histoire du Verre (2005) 14 ff.

R. Pillinger: Studien zu römischen Zwischengoldgläsern 1. Geschichte der Technik und das Problem der Authentizität (1984).

G. Platz-Horster: Antike Gläser. Ausstellung im Antikenmuseum Berlin (1976).

J. Price: Glass in Britain and Ireland AD 350–1100. British Museum Occasional paper 127 (2000).

J. Price: Glass-working and glassworkers in cities and towns, in: A. MacMahon/J. Price (Hrsg.): Roman Working Lives and Urban Living (2005) 167 ff.

J. Price/S. Cottam: Romano-British Glass Vessels: A Handbook. Practical Handbook in Archaeology 14 (1998).

E. B. Pusch/T. Rehren: Hochtemperatur-Technologie in der Ramses-Stadt. Rubinglas für den Pharao, Bd. 1 und Bd. 2 (2008).

P. Roberts/W. Gudenrath/V. Tatton-Brown/D. Whitehouse: Roman cameo glass in the British Museum (2010).

M. Rosenbach (Hrsg.): Philosophische Schriften / L. Annaeus Seneca. Lateinisch und deutsch. 5 Bände (2. durchgesehene Auflage 1987).

B. Rütti: Die Gläser. Beiträge zum römischen Oberwinterthur – Vitudurum 4 (1988).

B. Rütti: Die römischen Gläser aus Augst und Kaiseraugst. Forschungen in Augst 13/1–2 (1991).

A. von Saldern: Ancient and byzantine Glass from Sardis. Archaeological Exploration of Sardis 6 (1980).

A. von Saldern: Glas. Antike bis Jugendstil. Die Sammlung im Museum für Kunst und Gewerbe Hamburg (1995).

A. von Saldern: Antikes Glas. Handbuch der Archäologie (2004).

A. von Saldern/B. Nolte/P. La Baume/T. E. Haevernick: Gläser der Antike. Sammlung Erwin Oppenländer (1974).

L. A. Scatozza Höricht: I Vetri Romani di Ercolano (1986).

B. Schlick-Nolte: Ägyptische und griechisch-römische Glaskunst. Eigentum der Herrscher – kostbares Gut der Elite – wertvolle Handelsware, in: H. Beck/P. C. Bol/M. Bücklung (Hrsg.): Ägypten – Griechenland – Rom. Abwehr und Berührung. Ausstellungskatalog Frankfurt/M. (2005).

Frank Schweizer: Glas des 2. Jahrtausends v. Chr. im Ostmittelmeerraum (2003).

F. Seibel: Technologie und Fertigungstechniken römischer Glashütten am Beispiel der Ausgrabungen im Hambacher Forst. Aktualistische Vergleiche und Modelle (1998).

Andrew Shortland: Lapis Lazuli from the Kiln: Glass and Glassmaking in the Late Bronze Age (2012).

A. Shortland/L. Schachner/I. Freestone/M. Tite: Natron as a flux in the early vitreous materials industry: sources, beginnings and reasons for decline, in: Journal of Archaeological Science 33/4 (2006) 521 ff.

M. Smirniou/T. Rehren: Direct Evidence of Primary Glass Production in Late Bronze Age Amarna, Egypt, in: Archaeometry 53/1 (2011) 58 ff.

E. M. Stern: Ancient Glass at the Foundation Custodia. Collection Frits Lugt (1977).

E. M. Stern: Roman Mold-blown Glass. The first through sixth centuries. The Toledo Museum of Art (1995).

E. M. Stern: Interaction between Glassworkers and Ceramists, in: P. McCray/W. D. Kingery (Hrsg.): The Prehistory and History of Glassmaking Technology. Ceramics and Civilization 8 (1998) 183 ff.

E. M. Stern: Roman Glassblowing in a Cultural Context, in: American Journal of Archaeology 103 (1999) 441 ff.

E. M. Stern: Römisches, byzantinisches und frühmittelalterliches Glas, Sammlung Ernesto Wolf – 10 v. Chr.–700 n. Chr. (2001).

E. M. Stern: Ancient Glass in a Philological Context, in: Mnemosyne 60 (2007) 341 ff.

E. M. Stern/B. Schlick-Nolte: Frühes Glas der Alten Welt. 1600 v.–50 n. Chr. Sammlung Ernesto Wolf (1994).

M. Sternini: La Verrerie Romaine du Musée Archéologique de Nîmes I (1990).

M. Sternini: La Verrerie Romaine du Musée Archéologique de Nîmes 2 (1991).

M. Struck (Hrsg.): Römerzeitliche Gräber als Quellen zu Religion, Bevölkerungsstruktur und Sozialgeschichte (1993).

A. Towle/J. Henderson: The Glass Bead Game: Archaeometric evidence for the existence of an Etruscan glass industry, in: Etruscan Studies 10, Article 5 (2007) 47 ff.

W. van den Bossche: Bibliography of Glass: From the Earliest Times to the Present (2003).

S. M. E. van Lith/K. Randsborg: Roman Glass in the West: A Social Study. Berichten van de Rijksdienst voor het Oudheidkundig Bodemonderzoek 35 (1985) 413 ff.

N. Venclová: Prehistoric glass in Bohemia (1990).

N. Venclová et al.: Late Bronze Age mixed-alkali glasses from Bohemia, in: Archeologické rozhledy 63 (2011) 559 ff.

G. A. Wagner (Hrsg.): Einführung in die Archäometrie (2007).

H. Wagner: Glasschmuck der Mittel- und Spätlatènezeit am Oberrhein und den angrenzenden Gebieten (2006).

S. Walker: The Portland Vase (2004).

K. H. Wedepohl: Glas in Mittelalter und Antike: Geschichte eines Werkstoffs (2003).

G. D. Weinberg: Glass Vessels in Ancient Greece (1992).

E. Welker: Antike Gläser im Frankfurter Museum für Vor- und Frühgeschichte (1987).

G. Davidson Weinberg (Hrsg.): Excavations at Jalame. Site of a glass factory in Late Roman Palestine (1988).

D. Whitehouse: Roman Glass in the Corning Museum of Glass 1 (1997).

D. Whitehouse: Glass in the epigrams of Martial, in: Journal of Glass Studies 41 (1999) 73 ff.

D. Whitehouse: Roman Glass in the Corning Museum of Glass 2 (2001).

D. Whitehouse: Roman Glass in the Corning Museum of Glass 3 (2003).

U. Yalçin/C. Pulak/R. Slotta: Das Schiff von Uluburun – Welthandel vor 3000 Jahren, Ausstellungskatalog des Deutschen Bergbau-Museums Bochum (2005).

M. A. Zepezauer: Glasperlen der vorrömischen Eisenzeit III. Mittel- und spätlatènezeitliche Perlen (1993).

M. Zimmermann: Glashandwerker im Frühmittelalter (2014).

B. Zorn/A. Hilgner (Hrsg.): Glass along the Silk Road from 200 BC to AD 1000 (2010).

Datenbank zu Byzantinischen Mosaiken: http://www.sussex.ac.uk/byzantine/mosaic/

Das Gesicht des altägyptisches Gottes Bes ist aus hellblauem Glas gefertigt (1. Jh. v. Chr.–1. Jh. n. Chr.). Bes wurde als Zwerg mit krummen Beinen, fratzenhaftem Gesicht und herausgehender Zunge dargestellt. Seine Wirkkräfte umfassten den Schutz gegen das Böse allgemein; insbesondere war er aber Schutzgott der Geburt und wurde bis in die Zeit der Spätantike verehrt.

Bildnachweis

U1 P. Frankenstein/H. Zwietasch, Landesmuseum Württemberg, Stuttgart; Frontispiz: Collection of The Corning Museum of Glass, Corning, New York. Purchased with funds from the Arthur Rubloff Residuary Trust; S8o Otto-Friedrich-Universität Bamberg, Institut für Archäologie, Denkmalkunde und Kunstgeschichte, Jasmin Badr; S8u picture alliance/United Archives/DEA PICTURE LIBRARY; S11 bpk/Ägyptisches Museum und Papyrussammlung, SMB/Sandra Steiß; S12u/13u picture-alliance/akg-images/Andrea Jemolo; S13o–14 P. Frankenstein/H. Zwietasch, Landesmuseum Württemberg, Stuttgart; S15 Silke Caßor-Pfeiffer; S16 Staatliches Museum Ägyptischer Kunst München, Marianne Franke; S18 © imageBROKER/Alamy; S19 picture alliance/United Archives/WHA; S20 © Paolo Gallo/Alamy; S21 © Sites & Photos/Alamy; S22 © Rijksmuseum, Leiden, NL; S23 P. Frankenstein/H. Zwietasch, Landesmuseum Württemberg, Stuttgart; S24o © The Trustees of the British Museum; S24u–S26o, S28, S31–35 P. Frankenstein/H. Zwietasch, Landesmuseum Württemberg, Stuttgart; S26u © World History Archive/Alamy Stock Foto; S27 Grabung Ramses-Stadt, Glastiegel 1984/0088, © Edgar B. Pusch, Foto: A. Krause; S29–30 © Robert Harding Picture Library Ltd/Alamy; S36 © The Trustees of the British Museum; S37–38, S39u–S40, S41u P. Frankenstein/H. Zwietasch, Landesmuseum Württemberg, Stuttgart; S39o Landesmuseum Württemberg, Stuttgart, Zeichnung: Jeanne L. Schoenemann, Tübingen; S41o © The Trustees of the British Museum; S42–43, S45u–S49, S50u, S52 P. Frankenstein/H. Zwietasch, Landesmuseum Württemberg, Stuttgart; S44 aus Rosemarie Lierke, Die nicht-geblasenen antiken Glasgefäße (2009); S45o D-DAI-ATH-Olympia 4018, Foto: Eva-Maria Czakó; S50o, S51 Landesmuseum Württemberg, Stuttgart, Zeichnung: Jeanne L. Schoenemann, Tübingen; S53, S60 P. Frankenstein/H. Zwietasch, Landesmuseum Württemberg, Stuttgart; S54 Naturhistorisches Museum, Wien; S55 Archäologisches Landesmuseum Baden-Württemberg; S56 Bernisches Historisches Museum, Bern, Foto Y. Hurni; S57, S59 Archäologische Staatssammlung München, M. Eberlein; S58 © GDKE – Landesmuseum Mainz (Ursula Rudischer); S62 Arheoloski muzej Split; S63 Landesmuseum Württemberg, Stuttgart, Zeichnung: Jeanne L. Schoenemann, Tübingen; S65 © The Trustees of the British Museum; S66 P. Frankenstein/H. Zwietasch, Landesmuseum Württemberg, Stuttgart; S67 Augusta Raurica, Foto Ursi Schild; S68–69, S70o, S71o, S72, S73u–75o, S76r P. Frankenstein/H. Zwietasch, Landesmuseum Württemberg, Stuttgart; S70u, S71u Landesmuseum Württemberg, Stuttgart, Sylvia Fünfschilling; S73o Archäologisches Landesmuseum Baden-Württemberg; S75u Rheinisches Landesmuseum Bonn; S76l © The Art Archive/Alamy; S77, S78u aus Rosemarie Lierke, Die nicht-geblasenen antiken Glasgefäße (2009); S78o, S79 © The Trustees of the British Museum; S80l © Stefano Paterna/Alamy Stock Foto; S80r Collection of The Corning Museum of Glass, Corning, New York. Purchased with funds from the Arthur Rubloff Residuary Trust; S83 aus D. Baatz, Fensterglastypen, Glasfenster und Architektur, 1991, Abb. 6; S84 © The Trustees of the British Museum; S85 Umzeichnung nach A. von Gerkan, Saalburgmuseum, übernommen aus D. Baatz, Fensterglastypen, Glasfenster und Architektur, 1991, Abb. 4; S88 © GDKE – Landesmuseum Mainz (Ursula Rudischer); S89 © LVR-LandesMuseum Bonn, Jürgen Vogel; S91–92, S94–97, S100 P. Frankenstein/H. Zwietasch, Landesmuseum Württemberg, Stuttgart; S93 Collection of The Corning Museum of Glass, Corning, New York; S98/99 © Ihsan Gercelman/Alamy Stock Foto; S102 H. Zwietasch, Landesmuseum Württemberg, Stuttgart; S103, S105, S111 P. Frankenstein/H. Zwietasch, Landesmuseum Württemberg, Stuttgart.

Leider ist es uns nicht immer möglich, den Rechtsinhaber ausfindig zu machen. Berechtigte Ansprüche werden selbstverständlich im Rahmen der üblichen Vereinbarungen abgegolten.